李叔同

李叔同

在爱和自由中行走

粲金居士 ◎ 著

华文出版社
SINO-CULTURE PRESS

图书在版编目（CIP）数据

李叔同：在爱和自由中行走 / 粲金居士著. -- 北京：华文出版社，2016.4
ISBN 978-7-5075-4455-8

Ⅰ.①李… Ⅱ.①粲… Ⅲ.①李叔同（1880~1942）—传记 Ⅳ.①B949.92

中国版本图书馆CIP数据核字(2016)第062927号

李叔同：在爱和自由中行走

著　　者：	粲金居士
出版策划：	李金水　蔡荣建
责任编辑：	潘　婕
出版发行：	华文出版社
社　　址：	北京市西城区广外大街305号8区2号楼
邮政编码：	100055
网　　址：	http://www.hwcbs.com.cn
电　　话：	总编室 010-58336239　　发行部 010-58336267　58336238
	责任编辑 010-58336197
经　　销：	新华书店
印　　刷：	北京欣睿虹彩印刷有限公司
开　　本：	710×960　1/16
印　　张：	17.75
字　　数：	250千字
版　　次：	2016年6月第1版
印　　次：	2017年4月第2次印刷
书　　号：	ISBN 978-7-5075-4455-8
定　　价：	38.00元

版权所有　侵权必究

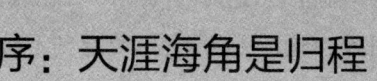

序：天涯海角是归程

他是一个完美的演员，更是一个完美的设计者。

如若人生是折子戏，那么他不仅站到了舞台中央，做了声色俱佳的主角，而且掌控了舞台的布景、道具，甚至戏剧情节的走向都由他亲自设定。

水穿过平原，跃上高山，跌落低谷，最终抵达大海。他走过风流倜傥的锦瑟年华，风光无限，而后犹如落叶归根般，洗尽铅华，回归自我与本心，最终渡到彼岸。

水日夜不息，他片刻不停。唱词先是秾华缛丽，像是一幅柔亮艳丽的图景；声腔婉转撩人，像是瓷杯中盛放的蜜水。彼时，他的每一步都走得光鲜动人，难免让人想到大观园里那个眼角堆放着万种情思的贾宝玉。

只是，花开终有花落时。阅尽人间浮沉事，看遍尘世多姿景，他决绝地将大观园的布景换成山林掩映的寺庙。帷幕暂时闭合，他走向后台，脱下黛青色的锦缎衣袍，摘下镶着白玉珠的丝绒碗帽。帷幕再次拉开时，他已成了身披袈裟、脚穿草鞋，手执锡杖的僧人。此时的唱词真淳而质朴，如同陶渊明笔下那片桃花源；声腔圆润而平缓，好似波澜不起的深潭。朦胧烟雨中，他登上通往极乐世界的小船，渐行渐远，只留给观众一个清癯的背影。

父亲给他取名为李叔同。童年时，母亲唤他的乳名，成蹊；风月场中，他告诉美人他名为惜霜；求学途中，他给自己取名为李广平；漂洋渡海后，他时而称自己李哀，时而唤自己李岸。每一个名字，都是一份心境，都是戏剧中的特定角色。名字随时可改，场景随时可换，一切都由他自己决定。

姹紫嫣红看遍后，他忽的有些倦了。红尘中熙熙攘攘，谄媚的笑，美人的脸，说过就忘的誓言，把酒对月的唱和，忽明忽暗的灯火，他置身人群中仍感孤寂。盛世已过，牡丹将谢，心在风中流浪。他不允许自己狼狈地度过余生，于是几经挣扎，几度寻觅，终寻到了灵魂的归宿。当众人还在红尘中兜兜转转时，他已经完成了华丽的转身。先前那些名字，那些身份，他没有遗弃，更不曾回避，而是将其寄存在平行时光中，任其在风中飘荡。

发丝纷纷扬扬落下时，李叔同变为弘一法师。从此之后，他对一切都有了新的阐释。爱，不再是俗世之爱，而是慈悲之爱：前者是虚妄，转瞬即逝；后者惠及万物，永恒不变。生命，不以死为界，肉身可消殒，灵魂则不朽。修行之路，漫长而曲折，它不在脚下，而在心间，它无终点可言。

每一步，他都用力、用情、用心在走。每一个场景，都经过精心设计。每一句台词，都是删了又改，却自然至极。最终，梦境与现实趋同，身躯与灵魂同步，感悟与行动渐深。他在有限的生命里，设计并演出了一场毫无破绽、无法超越的无限人生。

临终时，他为自己演出的折子戏下了这样一个定义：悲欣交集，即欢乐与悲伤交织，满足与遗憾并存，得到与失去毗邻。

灯火阑珊之际，清风翻开泛黄的书页，我得以在漫漫长途中与他重逢。字里行间，满是他何年在何处做了何事，几时几刻作了何诗、赋了何词，生硬而客观，详尽却无情。而我则在字与句的罅隙中，看到了那些无声的言语。

于是，我收拾行囊，准备与他一起上路，看他怎样在世间辗转，听闻他如何在灯火阑珊之际叹息，陪他走过茫茫旷野，又越过重重山谷。时而，我是他的童年玩伴，时而我是他的倾心的爱人，时而我是他切磋技艺的同窗，时而我是他的僧友。舞台布景与道具换了又换，戏剧情节在跌宕起伏中向前推进。看戏之人关注他的唱词，而我关注他的神情；旁人品评他的艺术与成就，为他遁入空门而惋惜，而我拨开层层迷雾，潜入他的内心，去寻觅那些容易被忽略的线索。

当他最后一次谢幕时，观众无不掩面而泣，而我低头看见一轮圆月在湖心荡漾，岸边弯曲的枝丫上缀满花朵，清风拂过一片婆娑的树影。一切都是最好的安排,万物皆觅到了自己的归宿。

不知何处笛声又起:

> 长亭外,古道边,芳草碧连天。
> 晚风拂柳笛声残,夕阳山外山。
> 天之涯,地之角,知交半零落。
> 一壶浊酒尽余欢,今宵别梦寒。

今日告别,是为明日之重逢。心存爱意,天涯海角即是归程。桂花的香味在夜里弥漫,他的心路历程在墨香中散开。

目 录

开 篇
华枝春满，天心月圆

"此次，朽人真的要走了" / 003

晚晴老人的晚晴山房 / 006

一座城，一禅僧 / 009

心无杂念，哪里都是归程 / 011

花开次第，悲欣交集 / 015

第一卷
月落乌啼

第一章　懵懂：当时年少春衫薄 / 021

第二章　初梦：取次花丛懒回顾 / 035

第三章　秋寒：零星旧梦半浮沉 / 049

第四章　天涯：梦里花枝不解愁 / 064

第二卷
浓淡皆宜

第五章　落红：春光长逝不归兮 / 081

第六章　空门：万籁俱寂丛林寒 / 096

第七章　莲花：唯愿灵光普万方 / 111

附录一　弘一大师记事年表 / 126

附录二　送别：弘一大师经典诗文选 / 135

附录三　丰子恺忆弘一大师 / 151

附录四　我所崇敬的弘一法师 / 161

附录五　弘一大师手绘罗汉像 / 166

开篇

李叔同

华枝春满，天心月圆

灯火阑珊，月华皎洁似琥珀，在寺院的半墙上漏下一片斑驳的疏影。

彼岸隐居何方，灵魂寄存何处？耳边唯有风声掠过，答案如水落入深潭。于是，追寻成为一生的宿命。路途崎岖漫长，前方雾霭缭绕，且时有风雨袭来，因心存希望，脚步从不曾停下。待到万水千山走过，苦楚滋味尝遍，岁月也爬上沧桑的面容时，灵魂自然能觅到归宿。

"此次，朽人真的要走了"

那一年的暮秋时节，风霜爬满了弘一法师的额头，他的面庞依旧坚毅，写满了从容淡然。参禅悟道这么些年，如今早已领悟人生的变幻无常，像一位真正的智者，他预感到自己的大限之期即将到来。

民国三十一年（1942年）旧历三月二十五，他穿着草鞋、挂着锡杖，衣衫褴褛地飘零了许多个地方后，将福建泉州不二祠温陵养老院选为人生的最后一站。

初到温陵养老院，弘一法师身旁仅有泉州开元寺方丈妙莲法师一人随侍。两人亲近的渊源由来已久，在妙莲还是位居士时，就早已听说弘一法师弘扬南山律学和持戒严谨的名声，对他景仰不已，因此总在寻找机会靠近，一睹弘一法师的仙容。"苍天不负苦心人"，经过多方探寻打听，妙莲得知弘一法师某次要在青岛湛山寺佛学院讲律，便调整行程前往青岛。自那时始，妙莲法师跟随弘一法师进修，一待就是五年。此次为了方便照顾弘一法师，妙莲法师特意住在离他不远的地方。

时光细腻无声地轻划过肌肤，窗外，初生的枫叶为天地间镀上了一层微微的红，天清气朗，偶有风声。十月，寒雾笼罩着远山深处，深邃的山谷缓缓地升起层层迷雾。

入住温陵养老院已有些时日，步入晚年的弘一法师，已经不再过多地讲经说法，他将自己居住的房间命名为"晚晴室"，终日盘膝静坐，闭门思考；瘦弱的身躯看似弱不禁风,唯有那双日渐混沌的眼睛仍透出智慧的光芒;枯枝一样的双手上,数条灰筋突起,裹着褶皱粗糙的皮肤,随意望去,与其他老者并无不同。他年迈体衰,但仍沿袭"过午不食"的旧俗,即便出现因补给不足而分外虚弱的情况,亦要坚持。

这日,天气晴朗、阳光明媚,风好似懂得人的心情一般,不似前几日的乖张肆意。暖阳轻柔地洒在窗边的几棵小树上,将那几朵淡粉的花苞照得焕发生机。打开窗子,幽香飘来。

好天气带来好心情,他又写下《修建放生园池记》,这是他这一生写的最后一篇完整的文章。其后,他将全部的精力都用来写信,也没有写给特定的某一位或几位,只是随心想、随心写,收信人都是一些年轻的后辈,诸如永春童子李芳远,教导他要"仁者春秋正富,而又聪明过人,望自此起,多种善根。精勤修持,当来为人类导师,圆成朽人遗愿……"

李芳远是弘一法师在民国二十五年(1936年)六月,驻锡于厦门鼓浪屿的日光岩寺时结识的。当年,他只有十三岁,跟随父亲一起到寺院拜谒法师。孩童虽小却长得眉清目秀,举止行为甚是虔诚,颇得法师的欢心,两人自此建立深厚的法缘。弘一法师将与之的这段善缘看成是一段功德圆满的"忘年交",心中自是十分珍惜。

临近中秋,人间有"月满人团圆"的习俗,而在佛家的偈语中亦有月满圆满之说。一年之中,天边的月亮总是阴晴圆缺变幻不定,只在中秋时节圆如明盘,皎洁生辉。像是要达成心中所愿,弘一法师选择这个时节出门,着素衣前往开元寺尊胜院讲解经书,没有当年的滔滔不绝连讲数日,只在一旁辅助其他主讲法师。数场下来,始终面容平静,话语从容。

八月十六当晚,弘一法师在温陵养老院讲完最后一课,皎洁的月光笔直地从空中倾泻下来,将他苍老的脸颊映照得分外明亮。在那被岁月无情碾压出的一道道细纹里,悲伤正肆意蔓延。

结束了课程,他知道自己必须起程去做下一件事,只是感受着如今这副苍老的面容与衰败的身躯,惋惜还有很多心愿尚未达成:比如去浙江白马寺湖畔寻觅晚晴山房；比如去其他几处扬名的寺院瞻仰参观，传道授业解惑……

然而，也只能想想。仅在结束讲经几天后他肺炎复发，连续几天低烧，他却只简单食用最基础的枇杷膏。身体不适，他非但没有放任自己去休息，反而更加疯狂地处理手头的活计。生病的第四天，就为晋江中学的学生写了上百幅中堂。

这一写，终耗尽心力。

他知道将要迎接上天对自己的最后一项考验。然而，准备遗嘱不是一件简单的事。民国三十一年（1942年）十月十日这天，他将妙莲法师唤至身前，简单吩咐了一些日常事务的处理，又交代了遗骸的安置问题。以前在寺院居住时，他曾亲眼看到一些寺院的住持在圆寂后，被弟子们抬出屋外付之一炬，肉身烧得荡然无存——他尊崇天道、热爱生命，希望肉身得以自然消逝，因为只有这样，才能算得上是真正的圆满，而他这一生吃斋念佛、苦心修行，不正是为了获得圆满吗？倘若也如那些惨遭焚烧的住持一样，岂不是多年的修行都要功亏一篑？

人生最难过的事情也许就是，当活着的时候，万般皆可自己做主，而一旦死亡就只能任人摆布。所以，他执意让与自己有着甚好交往的妙莲法师全权处理身后事，这也是他选择在温陵养老院圆寂的初衷。

这天，他提笔写下"悲欣交集"四字，又再持笔写下一封给友人的信件，其中有一句："君子之交，其淡如水；执象而求，咫尺千里；问余何适，廓尔忘言；华枝春满，天心月圆。"

弘一法师一生与友贵乎神交，如水之澹澹，清泠甘澈，历经少年、青年、中年各个阶段的艰辛旅程，及至如今归去，终于悟得禅机——春天来了，花朵自然就会开满枝头，时节到了圆月自然挂在天心，生命的旅程原本就该顺应时势，平静、自然而圆满。

事毕，弘一法师招呼妙莲法师进来，平静地将这些信物交于对方手中，只淡淡地说一句，"此次，朽人真的要走了"。

妙莲法师伏在床榻前恸哭。

起身后，他开始按照前几日弘一法师的交代，为他准备纪念品；为他唱着梵音助念；为他吟唱"南无阿弥陀佛"数十遍……

弘一法师平稳地躺在一旁的床榻上，缓缓侧了一下身，将右臂枕在头下，全然聆听佛祖最后的教诲，呼吸渐渐变得微弱。

犹如释迦牟尼当年的涅槃，他亦是圆满地完成了自己于人世的修行，当精神遁灭的那刻，必是重又去到婆娑世界。

他的离去也带走了"茶花女"的惊鸿一瞥，带走了"长亭外、古道边"的悠悠绝唱，却从此留下"一壶浊酒尽余欢，今宵别梦寒"的纯净姿态——大概在这世上，真正美好的事物无不是冷冰冰，残酷而决绝。正如席慕蓉多年前曾写过的这首诗："在暮色里你漠然转身 / 渐行渐远 / 长廊寂寂 / 诸神静默 / 终于成石成木 / 一如前世 / 廊外 / 仍有千朵芙蓉 / 淡淡地开在水中。"

晚晴老人的晚晴山房

民国十八年（1929年），初夏，浙江上虞白马湖畔，落英缤纷。

湖畔对岸，有一座山房。门前是一丛修竹，四季常青，风起时飒飒作响。庭院之内，几株参天古木，洒下一片阴凉。房屋共有三间，格局并不大，但极为雅致。其中两间房门前有曲折的回廊，廊下铺砌着数十级台阶。每逢下雨天，台阶上便生出一层薄薄的苔藓。房屋后面，是几棵松树，寒冬之时，落雪压枝，甚为壮观。站于庭院，向远处眺望，只见白马湖上雾霭升腾，水波粼粼。黄昏时，偶有钟声响起，禅意幽然。

深居山中的岁月，窗外的花朵、树影甚至夜间的皎洁月华，都少了世俗的喧嚣与浮躁。年复一年，弘一法师就这样安静地看着它们变幻，从新生到衰败，再到长出新的枝芽，生命的轮回是如此简洁、纯然。天边的飞鸟，从空中掠过，隐入山林，姿态轻盈而舒展。

曾在黑夜中跌跌撞撞之人，才能懂得自然的慈悲与长情。命运自有安排，所以不必纠结于转角处是万紫千红，还是黯然荒芜，时光总会给一直走在路上的人，一个恰当的交代与偿还。一切皆是天意，如今的弘一法师看透了人间风云变幻，走过了山高水长，终究在自然的启示中，觅到了心灵的去处。

忽然间，他领悟了李商隐"天意怜幽草，人间重晚晴"的深意。李商隐一生不得志，然而，年岁渐长，那些痛彻心扉的悲凉早就漫过皮肤，内化为滋养生命的骨血。于是，生命将近时，他选择与时光握手言好，与岁月不计前嫌，达观而释然、朴素而圆润，即使做不到心静如水，至少再不会大悲大喜。

弘一法师又何尝不是如此，此前的风流雅事，还有那些蚀骨的悲凉，都如烟一样散在风中，留下的不过是轻似梦的回忆以及漫长的遗忘之路。有人曾说，弘一法师前半生的荣华如同雨露一样滋养着他后半生的枯寂。其实，出家之后，他内心并不寂寥，反倒因寻觅到归宿，而愈发丰盈饱满。正如脚下的草木一样，不张扬、不谄媚，却以最为本真的姿态，彰显着生命的意义。

于是，弘一法师将这座学生与友人为他集资筑就的山房起名为"晚晴山房"，自号"晚晴老人"。晚晴，即是峰回路转处，又遇柳暗花明，是一种灵魂之超脱，更是灵魂之归属。

秋意渐浓，迷蒙的雾霭，在白马湖上缭绕笼罩。

旧历九月二十日，是弘一法师五十岁寿辰。阳光有些懒散，透过修竹漏下一片婆娑的碎影。庭院一角的几株菊花，也在秋风中盛开。

夏丏尊、刘质平等友生，相约到经亨颐先生的"长松山房"吃面，为弘一法师祝寿。心波澜不起，又有好友相伴，此刻，弘一法师觉得人生如此完满。谈笑间，绍兴徐仲荪居士提议买些鲜活鱼虾，到白马湖去放生。恍然间，弘一法师隐约记起，母亲曾多次告诉他，在他出生之时，家中买了好些鱼虾放生，鱼盆之水纷纷外溢，以至于街道恰似河渠。

众人见弘一法师许久未动筷子，也不言语，以为他不赞成这种祝寿方式，便出言询问。

"此事可有不妥？"徐仲荪居士语气中满是担忧。

"哪里，朽人很是喜欢。"弘一法师回过神来，眼中有秋阳的淡然光彩。

夜半时分，凉意盈袖，弘一法师与众人一起前往白马湖附近的百官镇，买回十多斤鱼虾。回来时，恰逢晨晓，露珠打湿了弘一法师的草鞋与僧衣。他先行走至湖边，用小木盆舀起一盆洁净的湖水，又折下一条杨枝，而后以杨枝蘸着净水，为鱼虾灌顶洗礼。这道庄严的"杨枝净水"的放生仪式，使得默默观看的徐仲荪居士与夏丏尊等人深受感动。

仪式完结之后，弘一法师便与众人登上湖畔停驻的小船，解开缆绳，向湖心划去。轻舟荡漾，波澜渐起，晨辉轻洒，波光粼粼。弘一法师将鱼虾一一放入湖中，让其回归碧绿的湖水中。岸上簇立观望之人，无不兴高采烈，拍手叫好，皆赞叹这样的放生活动未曾出现过。面对这般场景，法师竟流出了欣悦的泪水。

晨露在叶片上留下淡淡的痕迹，弘一法师久久站立岸边，任凭秋风掀起他僧衣的一角。流云浮于天际，小舟荡于湖面，秋风闯入心怀，弘一法师的心境明朗而澄净。鱼虾潜入水中，他回归自我。

心有所属，哪里皆是归宿；心若流浪，身处何方皆是漂泊。既然已经将心托付给慈悲之佛，又何必担忧路途遥远漫长。晚晴山房只是修行途中的驿站，它无关乎终点。

弘一法师穿上芒鞋衲衣，又开始四处奔走。以己为范，以身弘律，这是他心中恒定不变的信仰与支撑。

途中的景致，不在眼里，而在心中。心中之花已经盛开，眼中所见即便萧瑟也茂盛。

不管从哪里出发，皆会回到原点。即便知道无法逃脱结局，也要一个全然的过程。一路走走停停，经上海，赴厦门，回永嘉，在途中广结善缘，一年之后，又落脚至晚晴山房。

黄昏虽美，终近黄昏；心境虽佳，已是晚年。弘一法师看着雨后初晴，风烟俱净，却深感疲惫。

四月，阳光渐盛，花开如浪。他关上房门，再次将"虽存犹殁"四字贴于窗上，决然弃绝世事，静修自了。

一座城，一禅僧

  小小的白色颗粒窸窸窣窣地下着。雪，白茫茫一片。大地，极为干净。
  那是一个冬季。
  踏着皑皑白雪，弘一法师穿着单薄的僧衣，破旧的草鞋，继续他的参禅修缘之路。途经上海时，弘一法师遇见了尤惜阴与谢国梁居士。交谈中，弘一法师得知两人明早将要动身前去暹罗，顿时来了兴致，当即决定随同前往。或许，很多命定的缘分，早已在路途中安静地等待着。在通往终点的途中，厦门是此次游行的必经之地。这座面朝大海、春暖花开的城，正以它温和而饱满的明媚之姿，等待着有缘人。
  船只停靠在厦门海湾，日光温煦而朗净，照在人们脸上，让人感到莫大的幸福。弘一法师提着单薄的行李，手持锡杖，缓缓走出船舱，还未来得及环顾四周，他便呼吸到了一股来自大海的微咸气息，潮湿而清新。令人备感欣慰的是，城中之人有着同城市本身一般的宽容与美好。海岸之上，热情的陈敬贤居士早已等候多时。其实，这并非两人第一次见面，早在五年前的初春时节，他们就曾于杭州常寂光寺说佛论禅。
  再见故人，弘一法师内心颇为欢喜。崎岖小路蜿蜒伸张，两旁的三角梅零星开放，流云在空中自由漂浮，海涛之声在礁石上绽开，万物皆有灵性，一切皆是缘分。这一次，他不是过客，而是归人。
  "暹罗虽然佛法兴盛，毕竟以小乘佛教为主，如果法师能留在此地弘法，当是闽南佛界的幸事。"陈敬贤居士言辞恳切，语气中满是期待。厦门四面环海，鼓浪屿花开簇簇，弘一法师很是喜欢，再加上近来身体不适，确实难以禁得起长途船旅。凡事冥冥之中自有定数，暹罗之行终被搁浅。
  闽南佛学院创办于民国十六年（1927年），彼时学院中仅有二十几位学僧，但个个文雅有礼，这让弘一法师极为欣赏。在闽南的时光，轻松而愉悦，离开之后尚有余波回荡。
  群鸟在空中飞过，不曾留下痕迹。人们在路上行走，脚印也会被风掩埋。

一切都是虚妄，只有心中的信仰，可超脱无涯的时间，在荒芜的世间，成为永恒。弘一法师披一袭袈裟，在途中寻寻觅觅，即是缘于此。

厦门这座城与弘一法师，彼此成全。

民国二十一年（1932年）旧历十月，已是冬日，却不觉寒冷。风吹起时，只闻到了满街的桂花香气。一户人家的墙角下，盛放着几簇白兰花，如雪，如雾霭，更如一场梦。行在途中，几不知世间尚有严冬风雪之苦，这是厦门给予弘一法师最深刻的印象。

北郊禾山以东的万寿寺，寺外延伸一条长长的青石小路，路旁花草簇拥。寺内几株参天古木，使得庙宇半遮半露。此地少有人来，环境甚为清幽，弘一法师入住之后，很是喜欢。弘一法师站于关房之内，临窗而立，看到一只飞鸟翩然而过，姿态悠然而轻盈。辗转多地，始终未曾在一处定居，他问自己到底在寻找什么，是否已经寻到？

一切答案都在不语的水中，在沉默的风中。

晨晓时，他研墨展纸，坐于窗前，借着天光，用蝇头小楷一笔笔写经文。写完之后，再翻开佛书，轻声诵读，字义分明，铿锵有韵。偶尔，他也会整理寺院中的古本藏经，甚至加以编目校注。将自己的心托付给信仰，即便终日做着同一件事，亦感幸运。弘一法师始终告诉自己，凡事不必叩问意义，存在本身即是一种意义。

一日，他收到一封家书，由俗侄李晋章寄来。往常，家书总会被原封不动地退回去，许是自知心中已然平静如水，便拆开来看。信封之中只是一张登载着他已于闽南山中圆寂消息的报纸，弘一法师看后，脸上并无愠色。对于生死之事，他已然看淡，肉身不过是一具躯壳，消殒是必然之事，大可不必惶惶然。

"惠书诵悉，数年前上海报纸已载余圆寂之事，今为第二次。星命家言，余之寿命与尊公相似，亦在六十岁或六十一岁之数。寿命修短，本不足道，姑妄言之可耳。"弘一法师回复的信中，三言两语即将内心之坦然道尽。

> 戒是无上菩提本
> 佛为一切智慧灯

心存感念，方向自明；慈悲为怀，彼岸终能抵达。弘一法师将这幅《华严经》佛偈送给妙释寺的性愿法师，也是送给自己。

夜色如墨，月华如水。弘一法师在梦中看到自己化身一个翩翩少年，与之同行的则是一个儒师。小路蜿蜒曲折，似乎没有尽头。两人忽闻身后有诵经之声传来，声音高亢而凄清。因被深深震撼，两人便顺着小径原路返回。在路岔口处，他们看到一个老者正念诵华严经。正当他入座倾听之时，忽然从梦中醒来。

弘一法师猛然坐起，茫然四顾，唯有月华无声流泻。

梦境之中自有深意，它来自于内心的祈愿，亦来自于神明的旨意。

"昨夜得一奇梦，是我居闽南弘律的预兆。"天明之后，弘一法师对性常居士说。

屋内之人，读经、研究、归纳、起草、编写；窗外之景，孤鸟栖息枝丫，流云飘浮天际，清风自由来去。万物和谐至此，弘一法师别无他求。

旧历正月二十一日，他拿着完整且条理分明的《四分律含注戒本讲义》，开始了"南山律苑"的讲座。讲座之中，不立名目，不收经费，不集多众，不固定场所。弘一法师深知，普施恩惠，亦是度化自己。

心境澄明，虽近黄昏，眼中景致亦是无限美好。

心无杂念，哪里都是归程

初秋的阳光，透过窗棂，洒在一张照片上。照片上的人，坐在木桌的左边，披着袈裟，褶痕很是明显。下巴不再留有黄须，嘴略微向右歪，一双眼睛细而小，却满是慈祥的神情。他右手露出在袖外，掂起一串佛珠，脚上穿着行脚僧那种布缕扭成的鞋。

弘一法师老了，脸上满是时光的印记。

    愿尽未来，普代法界一切众生，备受大苦；
    誓舍身命，宏护南山四分律教，久住神州。

弘一法师写下这副长联，一字一句皆是为信仰献身之意。岁月不断催促他的脚步，他不问生死，超脱而淡然，只愿在行走的途中修心，广施恩惠。于是，当他看到南普陀寺佛学院的学僧不听约束已成风气，情形大不如前，便决心办一个僧侣教育机构，由瑞金法师负责筹备。

"法师，请为这所学校赐名吧。"瑞金法师的言辞中，满是敬畏之意。

"教育之关键即在培养学生一股正气，《易经》有云，'蒙以养正'，就叫'佛教养正院'吧。"弘一望着窗外天空一角，略有所思。弟子心中有信仰，严格遵守出家人的清规戒律，这便是弘一法师办学的初衷与期望。因而，能进入这所佛学院进行深造的弟子，须得品行端方，朴素无华。对于弘法之事，弘一法师始终"余将尽其绵力，誓舍身命而启导之"。

心无杂念，哪里皆是归程。在讲经弘律、习字念佛中，时光翩然而逝。转眼间，旧岁完尽，又是一年春日。岁月带走的是什么，留下的是什么？弘一法师在修行的路上已经渐渐明白，无所谓去留，无所谓得失，一切皆在心间。

他早就听闻泉州的温陵养老院风景清幽，文化气息极为浓厚，唐代时曾是首科进士欧阳詹家庙，宋代时朱熹亦曾于此处讲学，因而心生向往。待养正院的筹办渐入正轨时，他便收拾行李，搬来此地小住。

"只住十五天。每天晨午两餐，蔬菜不要超过两样。若有人来访，请先通知。"弘一法师为不搅扰院内人们的正常生活，特意嘱托院董叶青眼居士。

午后时分，阳光有些慵懒，弘一法师与几十位老人坐在院内，随意而谈。他并不说佛法，只是说些日常琐事，讲自己身边并没有侍者，汲水、破柴、煮茶、扫地、擦案之事都是自己来做。其中的一些老人，会讲到自己年少时的往事，弘一法师只是面带微笑静静听着。阳光铺在褶皱的袈裟上，他的心中满是安然。

院落当中，另有一亭名为"过化亭"，因兵乱世时被毁，无人前去。叶青眼居士打算将其重新修葺，便恳请弘一法师补写横额。他从不吝啬自己的字，执笔蘸墨，匾额之上便落下"过化亭"三字。

在弘一法师居住养老院期间，慕名前来求字之人络绎不绝，弘一法师便在素纸上写下"南无阿弥陀佛"，从不让他们空手而归。十五日一晃而过，弘一法师兑现诺言，便收拾行李决定前往净峰寺。

"这次大师来泉州，州中人士多来求字，少来求法，不无可惜。"叶青眼居士心有不舍，亦有不甘。

"余字即是法，居士不必过为分别。"弘一眼中满是笑意，说完便手持锡杖，缓缓走向门外。

净峰寺坐落在惠安县东三十里半岛的小山上。此地三面临海，夜深人静之际，可听闻海涛拍岸之声。小山之石，玲珑重叠，就好像书斋桌几上供奉的珍品。此地夏季甚为凉爽，冬季时因高山挡住北风，是以并不觉得寒冷。

弘一法师初次来到此处，便生出终老于此的念想。在去往净峰寺的路上，他看到此地四十岁以上的男子多半垂着发辫，女子的装束更是古朴，大有清初遗风。弘一法师心中颇为欢喜，仿佛置身于世外桃源一般。

"今岁来净峰，见其峰峦苍古，颇适幽居，将终老于是矣。"弘一法师忍不住给友人写信，告诉对方内心的欢喜之意。年岁渐长，他已不愿再云游四方，此处或许是最佳的归宿之地。

居于此地，他或是校正佛典，撰写讲稿，或是弘法讲经，生活犹如夜半之湖，平静幽然。每次讲经时，他总是沉着而缓慢地走到佛像前，虔诚地点上三炷香，以敬畏之心将其插在香炉里。而后，他慢慢地转过身，坐在一张方形的禅椅上，面带微笑地开始讲述内容。他讲得认真，僧众也听得入神。讲述完毕之后，弘一法师深鞠一躬，方才缓缓走出佛堂。

> 我到为植种，我行花未开。
> 岂无佳色在，留待后人来。

世间一切早有安排，并不随自己的心意而改变。缘分未到，强求无果。于是，当净峰寺的方丈因故去职后，弘一法师为免纷争，也只得离开此地，再次回到泉州。临行之时，已是十月，暑气渐消，秋风渐凉，弘一法师无法等到明年花开，心中虽有遗憾，却并不懊恼，毕竟顺其自然是他始终秉持的生活信念。

修行之路漫长而崎岖，风雨不知何时便袭来。

因长久辗转于途中，再加上闽南之地湿气太重，弘一法师回到泉州之后，便卧床不起。先是高烧不退，手足肿烂。一夜之后，病症便迁移至下臀，脓血流淌不止。不消几时，上臀也渐次溃坏。这次发病，好似决堤的洪水，来势汹汹，无力可挡。由于弘一法师拒绝服药，几天之后，脚面又生出冲天疗，这使观者无不心痛。

夕阳渐渐隐入后山，群鸟扇动着翅膀飞回巢穴，夜色层层加深，越来越浓。弘一法师知晓生命将熄，便向一直守护着他的传贯法师口述遗嘱：

命终前请在布帐外助念佛号，但亦不必常常念。命终后勿动身体，锁门历八小时。八小时后，万不可擦身体洗面，即以随身所着之衣，外裹破夹被，卷好，送往楼后之山凹中。历三日有虎食则善；否则三日后，即就地焚化。焚化后再通知他位，万不可早通知。余之命终前后，诸事极为简单，必须依行，否则是逆子也。

生命至此，弘一法师对一切皆已释然，内心再无憾事。

数月过去，寒冬已逝初春至。温陵养老院墙外的三角梅，在清风的吹拂下，次第盛开。许是此生使命未完,彼岸还在前方,弘一法师经过调养,渐渐痊愈。

众僧前来探望,问及他的病况。

"不要问我病好没好,而要问我念佛没念佛。"弘一法师一字一句,说得极为严肃。

还有什么值得惧怕呢,还有什么可留恋呢?历经生死之后,内心更具馥郁之气。

清晨,花开无声;黄昏,空中无痕。在晨昏暮晓的轮回中,自然中总会有新的寓意与启示,只要善于倾听内心的声音。

花开次第,悲欣交集

一切有为法,如梦幻泡影,如露亦如电,应作如是观。

时光匆匆,走走停停,所有美好的、惨淡的,都将沦为回忆,有些化作天边绚烂的虹,有些凝成心底深刻的疤。而在闽南弘法的十余年,是弘一法师一生中不可复制的精妙时光。春暖花开的城里,终开出一段桃李芬芳的岁月。

此时的他,已是暮年。寻寻觅觅这么多年,寻到的是什么;遁入空门是为遗忘,是否已经遗忘?弘一法师抬头看见流云变幻出万千姿态,叹息一声,无法回答。

民国二十七年(1938年)十一月十四,风有些凉薄,就像人心一样。

弘一法师在泉州承天寺"佛教养正院同学会"上作了《最后之忏悔》的演讲。

日寇频频入侵,弟子四处流亡,一切都染上了沧桑。弘一法师感叹时光流逝之迅疾,亦为自己近年来因弘法而不得不会客的生活,感到深深的愧疚。

"啊,再过一个多月,我的年纪要到六十了。像我出家以来,既然是无惭无愧，埋头造恶，所以到现在所做的事，大半支离破碎不能圆满，这个也是份所当然。只有对于养正院诸位同学，相处四年之久，有点不能忘情。我很盼望养正院从此以后，能够复兴起来，为全国模范的僧学院。可是我的年纪老了，又没有道德学问，我以后对于养正院，也只可说'爱莫能助'了。"

夕阳渐渐落入山后，暮云镶上了金边，一切即将隐没于深浓的夜色中。纵然弘一法师已然看透生死，但仍对这个世间存有一丝眷恋，一丝期待。曾经，他是一个风流倜傥的才子；如今，他是一个遁入空门的僧侣。在最后的演讲中，他的心底难免会透出一点俗世的温情。"未济终焉心飘渺，万事都从缺陷好；吟到夕阳山外山，古今谁免余情绕。"

他以清代龚自珍之诗为这次演讲画上了句号。

世间从不存在圆满之事，修行也从无终点。黄昏之际，弘一法师看到群鸟归山，心中余情回荡。他从纸稿中抬起头，与在座之人眼神交汇，片刻之后又慢慢低下头。那湿润的眼眶里，饱含着长长的一生。屋内鸦雀无声，静得连根针掉到地上的声音都听得见。他站起身来，深深地弯下腰，向听众鞠躬，而后拿起厚厚的纸稿，走出门，像走进另一个世界。

对尘世心生淡淡的留恋，是内心的真感受，无法逃避，也不用自责，接受它便好。恍然之间，弘一法师仿佛寻到了生命的答案：一切应当顺其自然，不必刻意而为。

生何欢，死何欢。在舟上摇摇晃晃这许多时日，只为渡到彼岸。

光阴一寸寸剪短，生命之灯愈来愈暗，为何前方仍是雾霭迷蒙，彼岸在何处？青莲是否已经盛开？

弘一法师日夜辗转，只为寻找一间静心修行的山房，终不得遂愿。他愿在内心的平和中，在涤荡灵魂的梵音里，追求瞬间之永恒，然而时光从指缝间漏下，不留一丝痕迹。

"上师，您虽出家，不愿再谈及艺术，但在我心中，您仍是一位老艺术家。"路人不止一次这样对弘一法师说。

"不敢当。"弘一法师透过弯曲的枝丫望向远方,眼神并没有落到实处。

"佛门中的生活,也是艺术生活。"路人循着弘一法师眼光望去。

这场对话,像是发生在梦境之中。可是谁又说得清,梦与醒的界限在何处;谁又道得明,艺术与生活的区别是什么。梦做得真切,即可算作是现实;琐事做到极致,亦成艺术。弘一法师前半生专注于音乐、绘画、诗词、书法,在艺术领域开荒拓土;后半生以身证法,在苦行中体验生命,于苦难中追寻生存的线索,领悟生命的真谛,这又何尝不是一种艺术。前半生的梦,色彩缤纷,流光溢彩;后半生的梦,归于平淡,却具深远的纹理与质地。

如若说,死亡是另一种醒来,弘一法师在睁开眼睛时,应当不觉遗憾。

寺外的世界,已处水火之中,炮弹炸响之声掩盖了苍茫的钟声。然而,弘一法师内心始终唱着悠扬沉静的梵音。用心弘法之余,他执笔写下"亭亭菊一枝,高标矗晚节。云何色殷红,殉教应流血"。以出世之心,牵挂国之危亡,弘一法师已在俗与空之间,寻到另一重境界。

碧湖偶有波纹荡漾,始终清澈无比;弘一法师虽对世间心存留恋,仍是淡然至极。

郭沫若致信弘一法师,欲求墨宝。弘一法师从不惜字,在展开的素纸上写下《寒山诗》:

我心似明月,碧潭澄皎洁。

无物堪比伦,教我如何说?

不知如何说,则不如不说。万语千言,犹在心中。

花开是喜,花落亦是归属,一生至此,花之清香将永存于记忆中。

民国三十一年(1942年),这是最后一个春日,也是永恒的春日。

弘一法师仍走在路上,但很快他将停止脚步。一切都将画上句号,花也次第开放。

夕阳绚烂西沉,月亮即将从湖心升起。舟在水中行,前方的迷雾渐渐散去。

第一卷

李叔同

月落乌啼

年少时，一切皆染着梦的色泽。梦境中，恰逢烟花三月天，姹紫嫣红皆开遍，莺飞燕啼柳渐浓。彼时，山在，水在，大地在，岁月亦在。人间正花红，青春正年少，他满腹才情，以梦为马，有众人追捧，又邂逅了你情我愿的爱恋，正是少年不知愁滋味。

第一章 懵懂：当时年少春衫薄

显赫家世

天津粮店后街六十号，是一座古意盎然的四合院。宅院中间有一间新式洋书房，窗子格外雅致，装有两层玻璃，且缀着一层纱。顺着洋房向前走，有一座名为"意园"的园林。每至春日，西府海棠、红枝蔷薇以及翠绿秀竹让园子风雅备至，摇曳生姿。夏日正逢石榴花开，微风起时，一只蜻蜓便会攀上刚刚绽开的荷花。站在庭院中，隔着海河，可望见对岸的天津古文化街，天后宫与玉皇阁威严耸立，钟鼓楼与六角亭熠熠生辉。

在这般气势与雅致兼具的庭院里，住着的便是桐达李家，纵然此处并非李叔同出生之地，却寄存着李叔同的年少时光。

百年易逝，宅子已然作古，为了纪念与缅怀，此处修葺一新后，作为李叔同故居，迎来了络绎不绝的参观者。

万事皆空，一切如云似雾，美好之人与美好之事都脆弱且短暂，人们却偏偏喜欢追逐水中之月，镜中之花。说不清人生如戏，还是戏如人生，但人们却演得如此认真。生旦净末丑，无论自己扮哪一个角色，都是技艺纯熟的演员。李叔同已经逝去百年有余，但他撒落的琼瑶玉屑，终究随着时间之河，抵达你我之岸。只是，后世有心人，循着他那婉曲的足迹，读着他那美感与智慧并存的字句，不知是梦是醒。

到头来，无论故事内外，痴人终究会悟到，万境归空。然而，化为虚无又何妨，这一趟亦步亦趋的追寻，已然成全了美的历程。于是，那些旧事，不妨重提；那些故地，不妨重游。

清末之时，大清帝国仍尊崇自己为天朝上国，物阜民丰；文治教化，衣冠器具，无不丰盈，当朝统治者自然认为无须同外国互通有无，于是关起门来在自己酿造的美酒中醉得醺醺然。殊不知，昔日帝国已成将要隐没山中的夕阳，辉煌不过是回光返照的假象。

果然，道光二十年（1840年），英国的炮舰撞开了清朝的封建大门。短短二十载之后，距离皇城最近的天津，即被迫开埠通商。新旧思潮碰撞更迭，天津城半是传统的市井风情，半是光怪陆离的花花世界。

天津市三岔河口，算得上是满街流金的繁华地段，南北运河与海河在此地交汇，长芦盐在这里集散。其东侧便是一条名为粮店后街的南北走向的马路，马路之东有条路家胡同，胡同东口二号，坐落着一座坐北向南的三合院，这即是李叔同出生之所了。

这般情景，与《红楼梦》中的贾宝玉又有何异。贾宝玉本是女娲补天余下的顽石，却投在了"诗礼簪缨之族，花柳繁华地，温柔富贵乡"，做了一场红尘之梦，醒来之后一无所有而去。李叔同在出生之时，亦是千人喜，万人宠，就连院中的那株老梅树，都愈发苍劲。

光绪六年（1880年）十月二十三，夏意消散，秋风渐浓。

熙熙攘攘的李家大院里，佣人们跑前跑后，大门外更是商贩云集，人们说这比逢年过节还要热闹。天亮之时，一声啼哭惊飞了落于梅枝的那只麻雀，置身于佛堂的李筱楼喜极而泣，连忙跪拜叩谢。

六十八岁的李筱楼一向沉稳有致，如今抱着被红绸子包裹的儿子，竟兴奋得有些茫然失措。盖一袭丝锦印花被的王凤玲，正值芳龄，不满二十，作为李筱楼的第四房太太，第一次在这座宅院里找到了存在感，她温柔地提醒着李筱楼该给孩子取个名字。李筱楼的目光始终未曾离开手中的婴儿，略加思索，便为儿子起名为李文涛，字叔同。

王凤玲喃喃念着叔同，叔同，心里只是欢喜，却无法预知他将会走上怎样的道路，得到一个怎样的终局。忽而，秋风掀起纱帘的一角，王凤玲看到一枚花瓣落于窗上，心中又涌起万千悲伤，这个孩子长大后，想必会有人在背后说他不过是庶出，是小妾之子。她想一辈子护着这个孩子，却知晓造化弄人，有些事强求不得，漫漫人生路，终究要由他亲自去走。

"老爷，再为他取个乳名吧。"王凤玲的声音中，已带了些许泪意。

"'桃李不言，下自成蹊'，乳名就叫'成蹊'吧。"

万事皆有源头，顺流而下，总会觅见枝叶与繁花，而后渐渐走向苍凉与萧瑟。

在那个任外人欺凌的时代里，比时局更乱的是人心。

同治四年（1865年），李筱楼考中进士，曾担任吏部主事，但战火不熄，人心不宁，不消几年，他便辞去官职，承父业经商，一心操持家中生意，经营盐业，锦绣绸缎，珍珠白玉，后又创办了"桐达"等几家钱铺。家中终日沸沸扬扬，热闹异常，阳光拂在脸上，让人觉得这场繁华盛会永远不会结束。

李叔同三岁那年，父亲又在老宅附近的山西会馆斜对过购置了一座豪宅，即天津粮店后街六十号。这座豪宅依街而建，大门为"虎座"门楼，其上挂着"进士第"匾额，门楣上的百寿图镂刻砖雕，精致而大气。过道里挂着"文元"匾额，威严气派，大而方正。这样的宅院，在天津这座开放的城市里，真算得上是一道耀眼的景观。

搬迁之日，李筱楼邀请了津门各界名流，甚至奥地利公使和公使夫人都专程前来赴宴。时人说起桐达李家，总会啧啧称赞，语气里满是艳羡与倾慕。

这段流光溢彩的时光，美则美矣，终究太过短暂，犹如天边的那一缕云彩，风一吹便散了。

静阔云空，变幻无常，未来已经为他而来，而他要做的，只是循着命运的指引，一步步走向彼岸。无论那里是真是幻，他都得虔诚地接受这一场生命恩赐。

往生之路

乐极生悲，人非物换，美好总会存留遗憾，幸福总要付出代价，尘寰之事向来如此。

光绪十年（1884年），秋风萧瑟，浓霜覆竹，静得没有一丝声响，唯有一只乌鸦栖息于枯枝之上，抖落了几声稀疏的啼鸣。

夜一寸寸变浓，李家大院仍是灯火通明，慌乱的脚步从李筱楼里屋至外屋，再至庭院，纷乱不堪。人人都知晓将要发生什么，却无人敢于点破。主事的仆人，陆续请来名医，怕是华佗再世，也无力回天。

落叶渐渐铺满了整个庭院，清晨扫了，至黄昏时，又落了一地。这个秋天，终究要带走这座大宅院里的主人。

每个人自出生之日，便为死做着准备，时辰一到，便得孤身前往幽冥之界，无人幸免，或许这才是人生永恒的归宿，就如同落叶回归大地一样。

李筱楼深知此理，于是，在大限将至之时，他没有恐惧，没有不舍，没有悲伤，只是命车夫带着一封亲笔邀请函请僧徒深夜出寺，为自己做弥留前的助念。

法师们身披袈裟道袍，神态肃穆庄严，自有一种安然平和的气度。室内燃起的香烛，袅娜着升起，在半空中腾起千姿万态。这虚无的香雾，在常人看来，不过一缕青烟，须臾便会消散；而在佛者眼中，便可包罗世态万象。

不太大的屋内，妻妾哭哭啼啼，心中满是天塌般的恐惧。唯有不满五岁的李叔同，非但未曾流下眼泪，反而听着萦绕在父亲耳边的诵经声，心缓缓地沉静下来。那诵经声似潺潺而流的蜿蜒溪水，又好似秋风拂过时的阵阵松涛，时而高昂，时而低沉。他的面容由起初的苍白渐渐转为红润，面对这啼哭的人群，不再忧惧，也不再害怕。

万事皆有秩序，开始有时，结束有时，得到有时，失去有时。红尘一梦，终究要醒来。

名门望族中，大红灯笼高高挂。深宅大院里，自然是妻妾成群。尘寰之梦中，李筱楼一生倜傥风流，除却正室姜氏，且有张氏、郭氏与王氏。姜氏之子文锦，不幸夭折；续弦张氏生有次子文熙，体弱多病；郭氏进李家大门多年，未传香火。是以，李筱楼又用八抬大轿将王凤玲迎进家门。

王凤玲出嫁之日，天空空阔，一如她的心，没有寄托。蒙上盖头之时，噙在眼中的泪水，却始终未落。迎亲的队伍，长得没有尽头。鞭炮声响起，十八芳龄的她，仿佛一下子就到了垂暮之年。这终究是一条不归路。别的姑娘嫁的是俊公子，她嫁的是一个年迈老人，输了整个青春，得到了终生的寂寞。

生下李叔同那一天，是她一生中唯一的节日。只是，此后，李筱楼便几乎不再踏进她所在的厢房，终日参禅诵经。她的眼睛逐渐涣散，变得褐黄，像是尘土扬起时的颜色。

如今，王凤玲携着李叔同，站在姜氏、张氏与郭氏之后，看着她们的支柱如何一寸寸崩塌。李叔同觉得母亲的手，微微颤抖，僵硬如铁，凉彻似冰。

夕阳最后的弧度，沉入半江瑟瑟半江红的江水中。秋风骤然卷起，枯黄的叶子簌簌而落。李叔同看到父亲眼中闪过一丝光芒，像是天边的彩霞，有种格外耀眼的绚丽，却格外安然。父亲的目光扫过每一张恸哭的脸，而后摇摇头。贴身家仆凑近他的耳朵，轻声问，有何交代。他喘了口气，嘴角轻动。家仆随后高声传达：文熙继承家业，文涛以兄为父。

旋即，他眼中之光灰飞烟散，右手陡然垂在床榻。家眷犹如乌鹊陡然失去了良枝般扑通跪倒，泪如雨下。此刻，木鱼声敲起，空灵而清脆。李叔同没有哭，觉得这是一场神圣庄严的仪式。

白麻孝衣，像是一场不会化的雪，覆盖在李叔同身上。他与文熙一同跪在灵堂里，看着满是悲伤的人们，进来又走出。尚且年幼的他，并不知晓其中真意，当众人用哀怜的眼神看向他时，他只感到茫然无措。

按照父亲的嘱托，归天之后，灵柩在家需停驻七日，请僧人诵经，每日一班或三班。诵经之声弥漫萦绕，此起彼伏，让李叔同觉得往生之路，是一条极为神圣的道路。他趁旁人不注意时，就悄悄走出灵堂，拽拽母亲的衣襟，问这些是什么人，为何同我们不一样。母亲怔怔地回答，他们是出家人，自然和我们不同。

魂归西天，无牵无挂，李叔同认定父亲走得极为平和，况且又有僧人为其祈福，助亡魂升天，众人应当欢喜才是。只是红尘中人有太多欲望，不舍，是以总是无法看破。

吊唁之人，来来往往，络绎不绝。李筱楼是津门名流，这般情景并不让人意外。忽然之间，仆人小跑着给文熙传信，说贵客前来吊丧。还未来得及问明，直隶总督、北洋大臣李鸿章已然走进灵堂，尽管身着素服，依旧凛然威严。

点主事宜须得由尊贵之人执行，李鸿章最合适不过。白布铺就的公案上，早已备好朱砂、砚台、墨条、毛笔，李鸿章执笔蘸朱砂，在早已备好的"王"字上方正中，添上尖端向上，下端圆垂的一点，"王"字即成"主"，高唱颂词："日出东方，一点红光。子孙昌盛，福泽绵长。"颂词既毕，将笔向后一抛，早已预候的文熙将笔接住，正式掌管桐达李家的富贵门庭。

而后，丧钟响起，僧人引路，李筱楼之魂灵，入天道，入人道，入阿修罗道，真正走上往生之路。

这些场景，不知怎的，就让李叔同记了一辈子。

豆蔻年华

在凄凉的境遇里，人们偏爱讲起那些旧事。

王凤玲同其他三房太太一样，将自己封锁在了无底的深渊里，叹息一声长过一声，充斥着并不大的厢房。梳妆台上的那盒玫瑰花香味的胭脂，渐渐蒙上了灰尘。王妈端来的饭菜，她也是勉强吃几口。

她时常于午后坐在老藤椅上，看着外面的天划过几只飞鸟。王妈总是一边摇着团扇，一边对她说起李叔同出生之日的热闹场景，其实说来说去也就那么两三件事，但王妈总是乐意讲，王凤玲也乐意听。

王妈盛来一碗莲子羹，素色的印花敞口碗，银色的瓷质汤匙，颇为精致。器具尚且如此，人生却这般随意，说到底，在这座深宅中终老，也当真是无趣得紧。王凤玲丝毫没有食欲，只是让王妈将那根挂在墙上的老松枝递给她。

"这根松枝啊……"王凤玲知道王妈又要讲那段奇异的故事。王凤玲听着王妈慈祥温和的声音，仿佛回到了李叔同出生的那个清晨。

东方仍是蒙蒙青色，风微凉。李叔同的一声啼哭，惊醒了栖息的喜鹊。仆人忙里忙外时，那只喜鹊忽然飞入王凤玲的产房，将衔着的松枝端正安放于床头，而后欢然离去。这根松枝姿态极佳，似弯不曲，风骨犹存。王妈拿起这根松枝递到额上满是汗珠的王凤玲手中，而后对着喜鹊飞去的方向，双手合十，深深叩拜。

彼时，李筱楼为庆贺老来得子，买下所有簇拥在大门之外的鱼贩的水产去放生。鱼盆之水，纷纷外溢，整条街儿近流成河渠。

听王妈一再提起这段往事，王凤玲总是一笑置之，当初的满心欢喜变成了抑制不住的酸楚。王妈初心是好的，不过为了宽太太的心，只是她忽略了，越是欢愉的旧事，越能衬出当下的冷清。

恰在这时，李叔同小跑着绕过洋书房，奔至王凤玲所在的庭院。但愿他始终这样快活，不知苦为何物。王凤玲想到此处，内心总是升起莫名的哀愁。也罢，人各有命，命中有的，怎样躲都躲不过，倒不如坦然接受。只是，王凤玲爱子心切，总想一辈子护着他，让他免受风雨。

三毛在《梦里花落知多少》中有这样一段歌词："记得当时年纪小，你爱谈天我爱笑，有一回并肩坐在桃树下，风在林梢鸟儿在叫。我们不知怎样睡着了，梦里花落知多少。"纯粹，干净，像是刚落了疏雨的清晨，读来甚美。

多年以前，李叔同也写下过这般青涩的儿时记忆。

> 春去秋来，岁月如流，游子伤漂泊。
> 回忆儿时，家居嬉戏，光景宛如昨。
> 茅屋三椽，老梅一树，树底迷藏捉。
> 高枝啼鸟，小川游鱼，曾把闲情托。
> 儿时欢乐，斯乐不可作。
> 儿时欢乐，斯乐不可作。

日后多少颠沛流离，唯有这段生活素如白纸。再回首时，一切恍然如梦。

那时的他，还不懂得什么是愁。那棵老梅树，每个冬日都会与落雪媲美。那根挂于墙上的松枝，暗暗庇佑着他的童年。宅子临河而建，河中的游鱼仿佛也有灵性，时而潜入河底，时而浮上水面。在那座叫"意园"的花园里，你追我躲，恣意的阳光洒在脸上，简单而明澈。

老旧宅的三合院外面，胡同东口，有座庙宇，名为地藏庵。除却捉迷藏的时光，李叔同也时常随同母亲前去那里诵经。修行的僧人教母亲读《金刚经》《大悲咒》《往生咒》，年纪幼小的李叔同纵然不明其中真意，但也曾在僧人诵音落下之后，轻轻念起来。

他聪明伶俐，不消几时就能将这些佛经念得纯熟饱满，朗朗上口。而此时，王凤玲内心深处生出了隐隐约约的恐惧，她看着端坐诵经的幼小儿子，仿佛看到了他的未来之路。第一次，她中了魔般呵斥他，不准他再诵经。她是怕他走上丈夫的路，更怕他撇下红尘中的自己。

李筱楼在弥留之际，曾留下嘱托，要李叔同以文熙为父。那间洋书房，就变成了他们的教室，在文熙的监督下，李叔同抄诵《玉历钞传》《百孝图》《格言联璧》《文选》。文熙像古板严厉的先生，手拿戒尺，在李叔同身旁转来转去。如若发现他托腮冥想，或是抬头仰望"意园"内那枝开得正艳的海棠，戒尺就会落在他身上。

严厉管教李叔同的，并非文熙一人，王凤玲更甚。她时常想着，同样是庶出的儿子，文熙掌管着整个家族，而李叔同随时遭到众人白眼。每日，天还未亮，他便起床跟着母亲向大太太、二太太、三太太请安。于是，王凤玲时时盼着李叔同能长大，为自己也为她撑起一片天。日常生活中，她教导李叔同，席不正不坐，写大字，取多大纸。如若李叔同稍不听话，王凤玲便摘下墙上的老松枝，打他的脊背，直至李叔同开口许诺不再犯方才停止。最终，李叔同的脊背一片红，王凤玲的心也在滴血。

九岁之时，李叔同又多了一位严师，即常云庄先生。先是读《毛选》《唐诗》《千家诗》，能读能诵之后，即开始习训诂之学，终日被《古文观止》《尔雅》《说文解字》压得喘不过气。

春末夏初，白天一日比一日长。李叔同终究还是个孩子，难免有着贪玩的性子。一日，吃过晚饭后，王凤玲与王妈坐在庭院中乘凉赏荷，李叔同急急从厢房中跑出，想要与小朋友在河边玩耍。王妈略带埋怨又满含慈祥地嘱托着，慢点跑，别跌着了。王凤玲却严厉地喊他停下来，听到母亲的呵斥，他不得不站住脚。母亲问他今日先生都教了些什么，可否都背诵下来，李叔同一一作答，且又将今日所习的文章，一字不落地诵出，王凤玲这才放他走。

看着李叔同远去的身影，王凤玲心中又是欢喜，又是悲伤。

时光荏苒，一寸寸地往前挪动。不知不觉中，李叔同已十五六岁。这些年岁中，有着华丽，有着落寞，有着光鲜，也有着隐忍。

那是一个清晨，母亲忽然打开了那个落尘的胭脂盒，对着那方古铜镜，匀上玫瑰香的水粉，再在鬓边斜插一支包金兰花簪。而后携了李叔同的手，走出家门。李叔同问是要去哪儿，母亲并不回答，只是穿过一道道小巷，来到了梨园——天仙园。

她已经寂寞得太久了，想要听一听戏中情。红尘万丈，她不曾得到一寸，只得从台上感知那份怦然心动。只是，她不曾想到，她未曾沉迷其中时，李叔同便醉了。

情窦初开

"你看他粉腮含霞云鬓堆鸦，双眉蹙蹙翠黛画。恰似那姮娥女谪降寻常百姓家……"

台上那个鬓间斜簪一朵有着时光印迹的梅花的女子，悠悠地唱着。她好似初夏刚刚绽开的青莲，在微风中轻轻摇曳，自美自持却不自知，倏然间便晕染出一池芬芳。

台下那个宛如一枝春雪冻梅花的男子，静静地赏着。那一天他特意换上了前些天做好的新衣，淡青色的绸缎袍子衬得他更为悠然不群。他在听台上那婉转绵软的音声，也在看那个好似不沾俗世烟火的俏佳人，眉目间自是掩不住的欣喜与爱慕。

　　风月情场中，世人皆是粉墨登场，欢愉之后，便相忘于江湖。如是这般也并非不好，毕竟免去了断人心肠的相思，也不必独倚江楼望穿秋水，看尽千帆。然而，有人却偏偏将这风流之事，做得极为认真。

　　她是津门最出众的坤伶，脸若枝上春桃，双眉似蹙非蹙若卷烟，身段似婀娜垂柳，又有一副婉媚清柔的歌喉，于是，铜锣一响，这天仙园便会聚集万千听众。杨翠喜是为其名，留恋风月的文人墨客，最喜听她唱这出《梵王宫》。只是，在车如流水马如龙的人群中，杨翠喜独独看到了那个在角落一隅、头戴丝绒碗帽的清秀男子。

　　戏如人生，人生似戏，谁能说得清，哪是真哪又是虚。现实中那些人与事，甚至比戏文中的桥段更为扑朔迷离。才子与佳人相遇，势必要演一出美轮美奂的戏剧。不管结局是有情人终成了眷属，还是劳燕分飞两心离，小生与花旦皆会倾尽全力，演好这出情感大戏。

　　彼时，杨翠喜并不知晓那个男子便是李家三少爷。每次他一走进这座天仙园，便有人殷勤地为其让路，店小二更是忙着在他桌上放一壶沏好的茶，杨翠喜将这些看进眼中，便知他定然是大户人家的孩子。对于这些，她并不在意，只是觉得这个男子眉目间是纯粹的欢喜。看惯人情冷暖、情场风月的杨翠喜，自然分辨得出谁对她是真心，谁对她是假意。然而，她并没有点破，只是在台上静静享受着他眼中流露出的万般宠意。

　　情窦初开总在佳时，静然的素色锦年，就这般飞来了两只彩蝶，惊醒了整个春日。

　　在那么多的王孙公子中，唯有李叔同懂得克制，知晓退是另一种进。每日来时，他总是换一身衣裳，或是烟色长袍上绣着一枝淡梅，或是青色长袍上落着几道花纹。其衣皆是以素雅为主，却又不失大气与华贵，彰显着一种绝世的清高与脱俗的气质。

　　戏散后，多少人捧着艳丽的玫瑰，或是雍容的珠宝站在后台门外，汲汲求见，要近距离一睹佳人芳容。而李叔同则在人走茶凉后，依然坐在天仙园中，回味着她柔美的唱腔，玲珑的身段，欲嗔还羞的婉笑。每当此时，跟随他的家仆，总会问他要不要去后台求见这位红角,而他总是微笑着摇头,而后起身离开。这一切,杨翠喜都看在眼里。

渐渐地,他心里的爱慕之意蜿蜒成河,她心里的倾心之情亦涓涓流淌。世间所有爱情,皆是一拍即合。如若未能携手相拥,不过是时机未到罢了。此时,李叔同已化成春日彩蝶,翩跹飞入她的梦境;而她则如一朵春花,等待他来采撷。

那一日,他并未像往常那样,在散场之后静静回味,然后只身离去,而是掀帘而入,走进了后台。正在拆头面的杨翠喜,怔了一怔,脸上旋即起了微微红晕。他静静走近她,缄默着为她拢好秀发,又在她左边的发髻上,插上那支蝴蝶兰簪子。他脸上不动声色,内心早已掀起滔天浪潮。他以为只有他自己知晓右手在微微颤动,却不期然,杨翠喜在低头的瞬间,早已感到了那来自心灵深处的震颤。

置身天仙园,她见过太多的风流公子,阔绰子弟,却从未见他这般清秀文雅的男子。他懂得审美,却不伺机占有,而选择静静守候,于是,他的眼神是清澈的,是纯粹的。听杨翠喜的戏,再送她回家,是一天当中彼此最欢愉欣悦的时刻。在台上,只见她轻舒水袖,千般柔媚,万般风情;回家的路上,皎洁之月也懂风情,悄悄藏身于湖中,只营造出一片朦胧的意境。

这一段爱恋,看在旁人眼里,是温文尔雅,而唯有他们自己明白,爱之汹涌可以倾城。他那平缓有致的声音,在她听来,却好似有着银瓶乍破水浆迸的气势;而她那温柔低垂的嗓音,在他听来亦像正铿锵热烈开放的满园春色。

就是这般,他为她捧上万丈才情,她为他献上了曼妙佳色。他为她讲解戏曲之渊源,为她写唱词,句句皆是满溢的深情;她在戏台上唱念做打,声声皆是为他轻轻而唱,步步皆是为他而转。是以,才子更为出名,佳人之唱功与舞技亦如春日之笋,日益渐长。

世间之事,向来是忧喜参半,明暗对分。起初顺遂的爱情,也总会如小舟在无月的夜晚撞上了暗礁,渐渐沉溺在海中央。

李家是大户人家,门风自是比幸福重要上百倍,怎会允许李叔同陷进风月场中,又怎会允许一个戏子与尊贵的三少爷纠缠不清。李叔同的母亲王凤玲坐在太师椅上,闭着眼冥想。身旁伺候她的王妈,虽然不敢言语,脸上却无法掩饰对李叔同的担忧。她是看着李叔同长大的,是以最疼爱他,她深知这孩子重情,如若执意将二人分开,定会将其深深伤害。只是,她在这座李家大院中生活了这么些年,早已明白,繁华背后隐藏着不为人知的悲伤。

暮色四合之时,忽然起风了,像是要将什么断送。母亲悠悠地睁开眼,姿态悠然而决绝地从桌几上挑选出一张照片,递给王妈。照片上的女孩,乍看之下并不出众,她不是窗前的明月光,可望而不可即;也并非是胸口的朱砂痣,可以让人记挂一生,却最是暖热人心的那种美,就好像周遭的空气,无色无味,却是生活之必需。

王妈猜出了凤玲的心思。

"花妈妈呀,你把我害煞,送来了一朵鲜花不是他。"杨翠喜依然在台上唱着,李叔同仍在台下痴心入迷地赏着,却不知他们的爱情不过是戏文中的章节,终有曲终人散时。

花事匆匆

> 晓风无力垂杨懒,情长忘却游丝短。
> 酒醒月痕低,江南杜宇啼。
> 痴魂销一捻,愿化穿花蝶。
> 帘外隔花阴,朝朝香梦沉。

杨翠喜扮完戏拆下头面后,听得送信之人唤她的名字。她展开这封信笺,便看见了这首用小楷一笔笔勾勒的诗。秋风透过窗棂,透过她略薄的衣衫,吹进了秋草丛生的心里。秋意浓,漫天回忆舞秋风。那些李叔同提着灯笼送她回家的日子,终究成了过眼烟云。曾经,他是一只彩蝶,可以翩跹飞入她的梦中。如今,这一封满是相思的信笺,却如过了花期的春天,满是落红。

她的头上,依然插着那支蝴蝶兰簪子,而李叔同已然像只蝴蝶飞走了。因有要事,他暂时离津去了上海,没有佳人在侧,终究是对锦瑟时光的辜负。好在李叔同善作诗寄相思，杨翠喜亦懂些纸墨上的功夫，故而，于他们而言，时空的距离，并非是越不过的阻碍。

然而，上苍总是刻意为难红颜。当她正沉浸于信中的缱绻相思时，要好的姐妹告诉她，有贵人拜访。

杨翠喜并非未见过世面的小家碧玉，但走出后台时，仍被眼前的阵势所震撼。两队官兵簇拥着一个雍容华贵之人，猛然间，杨翠喜好似进了官府一般。只见那人满面堆笑地迎上来，讨好地对她说了赎身之事。他是天津府道段芝贵，自然有这般能耐，亦有这般权力。

坠落风尘之间，犹如风中尘埃，雨中花屑，飘零无依，被碾落成泥。她们周旋于形形色色的男人之间，辗转逢迎，曲意承欢，卖弄着无边春色与风情，笑容如同美酒，让人一尝便醉。可多半人也仅仅是酒醉而已，一时沉迷稍后即醒，转身即是天涯。她们自然深知，那些醉时的海誓山盟，都是一指流沙，不要相信，亦不必追问，听听就好。短暂风流快活之后，他会重新踏上阳光道，她也会继续走这永远走不完的独木桥，谁更薄情谁更寡义，本就不是多么重要的事情。

只是，杨翠喜明白李叔同不同于其他男子，定会给她一个避风的港湾，让她不再颠沛流离，不再在这荒蛮的世间找不到归宿。如今，忽然听得有一人要为她赎身，该当满心欢喜，即使喜极而泣也算不得失态，而只因赎她的人不是李叔同，杨翠喜脸上笑意盈盈，心中却早已泪落如雨。

她将双手背在身后，悄然将李叔同的相思之诗，折叠起来。自此之后，当与君绝。他们终究是彼时寂寞的过客。

烟云如故，天仙园如故，唯有人已非故。

李叔同从上海风尘仆仆归来时，未来得及进家，便来到了天仙园，想要将手中攥得暖暖的鎏金掐丝小簪再插到她发间。推门走入后台时，杨翠喜的姐妹们皆在，独独少了她的身影。从她们满含同情的眼神中，他终于相信了街上纷纷扬扬的传言——段芝贵为其赎身，并将她献给了北京载振小王爷。

一入侯门深似海。他们犹如两条相交的直线，此前的靠近是为了渐行渐远。雄蜂与雌蝶哪能相爱，海鸥与游鱼怎会相守，虽然彼有情，此有意，最终也是擦肩而过，而后湮没在人海。有些承诺，无法兑现；有些誓言，难以成真。李叔同与杨翠喜在无涯的时间偶然相遇，却不是在最恰当的时机。

他深知侯门之内妻妾成群，争风吃醋是常有之事。或许杨翠喜刚刚进门之时，载振因她俏丽多姿，便将其捧在手心，生怕有一丝闪失，想必就算杨翠喜说出想要星星月亮，他也会想个法子飞到天上为她摘下来。但他的宠爱如同凤梨罐头一样会过期，一旦手中有了新的玩具，这份对杨翠喜的热络，自然会转移。

李叔同之母凤玲听闻这般消息，心中自是百般称意。此前与王妈商量好的计策，纵然不急于一时，终究要开始操办起来了。旧伤还未痊愈，新人便要闯进门，李叔同好似走进了湿漉漉的雨巷中，一个人彳亍流连，走不回当初，也看不清未来。

奔走于凡尘俗世，有谁能不食人间烟火；在万丈红尘里周旋今生，又有谁能逃得开一个情字。无际的岁月随风而逝，唯有当初的悸动、相思的情怀，鲜活如当初。缘深缘浅，情短情长，这个光怪陆离的世间，总是有人为情而殇。

李叔同本以为杨翠喜进了侯门，纵然会受些委屈，至少免去了四下流离的苦。然而，这一切才刚刚开始而已。

段芝贵是袁世凯手下的得力干将，而载振之父又是慈禧身边的红人，是袁世凯极欲拉拢的对象。段芝贵便将杨翠喜献给了载振，为自己谋求了一条升官捷径。果不其然，自此之后，他官运亨通，升任黑龙江巡抚。这终究是一帧黄粱美梦，段芝贵因献美得官，被人告发，参他的折子经慈禧太后批示之后，便被撤职。由此，杨翠喜也被遣回天津。

流年渐深，两人偶然再次在街上相逢。一切都好似未曾改变，她头上仍插着那支蝴蝶兰簪子，像是怀念，又像是祭奠；他亦依然穿着初见她时，那淡青色的绸缎袍子，素雅而淡然。但一切都已改变，她不再是那个在台上悠悠唱着《梵王宫》的俏佳人，而他也不再是那个提着灯笼送她回家的翩翩公子。

有人说姹紫嫣红开遍、莺飞草长柳浓时的春天最美，可李叔同觉得这个季节最为悲伤。那满枝的春花，总会落满曲折的小径。

第二章 初梦：取次花丛懒回顾

香梦无痕

东方渐渐发白，一顶精美的花轿被八个轿夫抬进李家大门。轿前轿后的鞭炮声在脚边炸响，打锣吹号声也此起彼伏。花轿抬至堂前，老妈子揭开轿帘，搀扶着新娘出来。堂内满满的都是人，涌动着欢乐的热潮，桌上那一对龙凤烛，摇曳，燃烧；墙上的大红喜字，耀眼、夺目。

吉时一到，焚香，鸣爆竹，奏乐。礼生诵唱："香烟缥缈，灯烛辉煌，新郎新娘齐登花堂。"一对新人双双登上花堂，随礼生的唱诵，一拜天地，二拜高堂，夫妻对拜，而后被众人簇拥着进入洞房。

繁华过后，往往是苍凉；热闹之后，常常是冷寂。李家上下，前一刻还笼罩在鞭炮声中，以为这种繁华会永恒，而后才发现这并不是真相。新人进了洞房，一切便渐渐恢复了原貌。只是，有人本置身事外，却沉浸在刚刚的热烈氛围中不肯出来；而有人，本是当事人，却从头到尾做了一个旁观者。

新房中，红帐、红烛、红喜字、红纱窗、红被褥，新娘蒙着盖头，略显拘谨地端坐在床沿上。新郎坐在盖着红布的座椅上，踌躇着，犹豫着，几次想要站起来，却又慢慢地坐下。他向来都是穿素色缎子衣袍的，今日穿上大红绸子新郎服时，他在镜子里照了又照，总觉得镜子里的那个人不是自己。

几经思量之后，他端起桌上摆着的酒杯，郑重而又有些慌乱地一饮而尽。继而，他慢慢地走向已然等了许久的新娘。走近她时，他能听到她的微微喘息，带着一缕栀子花香的味道，清新、纯净，让他联想到了冬日旧宅院中那棵老梅树上晶莹的雪，不染一丝纤尘。这种味道，他在杨翠喜身上没有闻到过。杨翠喜身上，更多的是一种桂花味道，热情，浓烈，让他无从抗拒。一想到杨翠喜，他向前走着的脚步便不由自主地放慢了，本来伸向新娘盖头的手，也渐渐垂下来。

是的，李叔同知晓眼前这个穿戴着凤冠霞帔，等待着掀起盖头帕的女子，不是他深深爱着的杨翠喜，而是母亲与王妈一手安排的俞姑娘。

俞姑娘，并不是不好，只是并非他所爱。心之容量有限，装下了杨翠喜，便无法容纳她。万事都不可强求，爱情之事更是如此。

世间所有一切仿佛都是命中注定，无缘之人即便相遇也会走散，有缘之人纵然分袂终会重逢。李叔同与杨翠喜属于前者，与俞姑娘属于后者。

天津南运河边上的芥园大街，有一家门户，经营绿茶生意，这便是俞家，也算得殷实人家，并不比李家逊色多少。说起俞姑娘，李叔同早先也是见过的。他曾陪同母亲去逛娘娘庙的皇会，恰好见到了俞家母女。自然，那次偶遇隐含了太多的刻意成分。在李叔同与杨翠喜走得越来越近时，王凤玲便开始为之寻摸合适的人，以便断了他的痴念。王凤玲听说，俞家有一位姑娘，出落得端庄秀丽，于是，便有了那次皇会上的初逢。

在李叔同的印象中，俞姑娘并不像桃花那样占了整个园林的春色，也并不似兰花那样自有一种孤傲的清高，她平易近人，更像是人人家中都会栽植的月季，在春日自开自落，有人欣赏也好，无人注目也罢，她以一副认命的样子，按部就班地沿着自己的人生轨迹，一步步走。

皇会回来之后，王凤玲坐在那把藤椅上，有意无意地问李叔同，俞家姑娘可好。聪明的李叔同怎会不知晓母亲话中深意，他本想说，俞姑娘虽好，终究不为自己喜欢。但斜阳的光洒落在母亲头上，他猛然间看到了母亲的几丝白发。沉默许久，他轻轻叹了一口气，低低地说，听您的就是了。一字一言，清晰可辨。

母亲先前还想着怎样说服他，如今听到李叔同如此简明的回复，心中竟是揪心的疼。她忍不住要安慰李叔同几句，却不知说些什么好，嘴边的那句"总比那姓杨的戏子好"终究咽了下去。既然李叔同已然答应这门婚事，又何必再在他心上划一刀。

接下来，李家上上下下都在为他的婚事忙活。粉刷老屋，雕石榴百子床，花开富贵橱，丹凤朝阳屏风，一派喜气洋洋的气氛。而李叔同将这一切都当成了一场折子戏，一场与杨翠喜渐行渐远的伤情之戏。

王妈看着李叔同终日无精打采，终于忍不住向王凤玲说，俞姑娘大李叔同两岁，叔同属龙，俞姑娘属虎，他们明明是龙虎斗的命相，要不就再选选吧。王凤玲又何尝不知，只是李叔同与杨翠喜的传言已笼罩了大半个天津城，更何况文熙与二太太也终日对她冷嘲热讽，说她养的儿子坏了门风。如今，她若想要在这个大家庭中生存下去，只得挑选一位正经人家的姑娘，让其与李叔同成婚。

李叔同远远地听到母亲与王妈的谈话，讪讪一笑。是呵，家长已经认定，怎会因生辰八字不合而更改，如若李叔同与杨翠喜的八字相合，难不成会将杨翠喜抬进家门？

一切都如过往云烟，风一吹便散，即便成心要寻其踪迹，终究于事无补。成亲那一晚，李叔同思量再三，终究用手中那折坠着如意结的纸扇，挑落了俞姑娘的盖头帕，流苏摇曳着落地，像是来不及挽留的过往。看着她敷着粉搽着胭脂，如雨过牡丹，日出桃花，眼中不禁有了些许泪意，只是，这泪不为欢喜，而为他们各自的命运。俞姑娘看着眼前这个眉目中暗含悲情的男子，仿佛看到了余后的漫漫长路，她又何尝没有听过他与杨翠喜那传遍大街小巷的故事。只是，她更善于掩饰，假装李叔同那盈盈泪意，是为她而流。

洞房花烛夜，李叔同如过寒冬，时时刻刻盼着天明。

破碎河山

光绪二十四年（1898 年）十月，暑气渐消，云层渐薄，人心也越来越淡薄。

李叔同总是觉得，戊戌六君子在北京菜市口被斩首时，天下着蒙蒙细雨，刽子手刀刃上的血迹同雨汇合，染红了整条街。李叔同并没有亲眼见这般场景，却感到如此真实，尤其是谭嗣同在临刑前脱口而出的"我自横刀向天笑，去留肝胆两昆仑"，反反复复在他脑中回旋。

夜中，梦影重重，时而醒来，时而入睡，昏昏沉沉，恍恍惚惚，总是天亮时方才在朦胧中沉沉睡去。再醒来时，阳光已然透过窗棂铺满八仙桌，俞氏在这时总是小心翼翼捧一盏高丽参茶过来，低声叮嘱他趁热喝，而后转身便迈出门槛。来去一路皆是低垂着眼皮，偶尔抬头看一眼，也是慌乱的、匆忙的。

天津的局势一日不如一日，他本是天津城算得上名号的李家三少爷，风流倜傥，戏院楼台，笙歌曼舞，雪月风花，好不快哉；他胸中又有笔墨千篇，或是作诗换得佳人回眸一笑，或是吟曲以抒发幽情，更或是频上层楼，为赋新词强说愁。

今日一早，他端起妻子捧来的茶，透过那扇丹凤朝阳屏风，看着因他娶妻而焕然一新的院落，西墙角的菊花正开得热烈，通往洋书房的青石台阶被雨冲刷得格外干净，王妈正打扫昨夜飘落的树叶，妻子与母亲絮絮叨叨唠些无关痛痒的家常。李叔同始终未啜一口茶，直至它渐渐变凉。他猛然感觉到这才是他所熟悉的生活，只是待他明白时，已决定要离开。

有人说，一座城市的价值，是用离别换来的。诚然如是。

李叔同将那杯凉却的茶，放在八仙桌上，而后慢慢走出厢房，一步步挨到母亲面前。他先是笑着问母亲，近来身体可好。母亲一边抚摸着手中那根有些年头的老松枝，一边微笑着点点头。李叔同踌躇着，不知该转身就走，还是该将压在心底的那句话说出口，王凤玲自然懂得他的心思，便转过头吩咐旁侧始终缄默的儿媳，去准备行李，所剩时日已然不多。

一边是大如天的丈夫，一边是待她如女儿的婆婆，俞氏放下正绣了一半的鸳鸯手帕，起身也不是，坐着也不对。说是秋日到了，暑气并未散尽，此刻一丝风也没有，更是惹得人心烦。看着妻子额头上渗出了几滴汗珠，李叔同示意她按照母亲的吩咐去做吧，而后与母亲说了几句无关紧要的客套话，便转身往大门的方向走。王凤玲说，外面街上乱得紧。李叔同向来听母亲的话，迈出的脚步又折了回来。

李叔同心里明白，母亲是害怕。他与杨翠喜那传得沸沸扬扬的风言风语刚刚平息下来，大半个天津城又开始散播他是维新变法康梁的同党。人言可畏，有多少人挡得住刀枪火炮，却躲不过流言蜚语。

那就走吧，动荡的时代，只得把天涯海角当作归宿，除此之外，别无其他。

清晨，风起，宅院毗邻的海河有着淡淡的鱼腥味。天亮时渔船陆续返港，海鲜便簇拥着上市了。李叔同知晓母亲最爱吃梭鱼炖豆腐，便吩咐王妈到早市上买来一条时常游弋在海湾内的鱼，肉质细而嫩，味道鲜而美。恐怕将来迁到上海，就吃不到这种鱼了。

母亲穿戴妥当后，来到厨房就餐，看着桌上那道还冒着热气的梭鱼炖豆腐，不禁红了眼眶。其实，若不是因为儿子担忧，她又何尝舍得离开这里，去一个陌生的城市里艰难过活。上海，在未曾开埠之前，与天津一样，不过是个极为闭塞的小县城。如今，因其便利的通航条件，再加上租界的存在，上海迅猛发展，一跃而成为中国第一大都会。在战火硝烟中，此地自然成为避难者的首选之地。于是，王凤玲看着天津局势越来越乱，不得已便生发了南迁上海的念想。

王妈看着王凤玲的眼泪将要滑下来，急忙将她搀到上座。李叔同心中亦是百感交集，这么多年，他只知道母亲爱听戏，爱抚摸那根老松枝，爱吃这道梭鱼炖豆腐，除此之外，母亲喜戴什么首饰，喜穿什么花色的衣裳，喜喝哪种花茶，他全然不知。王凤玲拿出用了多年的锦缎手帕，刚要揩掉淌下来的泪水，李叔同轻轻拿过锦帕，替母亲做了这件事。

"趁热吃吧，凉了味道就不鲜了。"李叔同说着。

多年以后，李叔同遁入空门，成为弘一法师后，回忆起这诸多与母亲相关的场景，总是说上一句："我的母亲很多，我的母亲——生母很苦。"

在李叔同小时候，她怀抱着他，老梅树的花瓣静静地飘落，落在母亲乌黑稠密的秀发上。每当那时，李叔同觉得母亲极美，甚至分不清哪是正值芳龄的母亲，哪是比雪香三分的梅花。王凤玲看着眉目清秀的小叔同，好似看到了年轻时的李筱楼。望着天边那只不留痕迹的飞鸟，王凤玲想着，李筱楼年少时定然也是极为俊秀的。她并没有见过他年轻的模样，他们相识时，李筱楼已经老了。

那在天津的最后一顿早餐，人人皆是食不知味。

九点一刻，仆人已经将一切打点妥当。终究是要走的，挽留无用，怀念徒劳，且顺从命运的安排，不存怨念，不必惶恐。

海上的风，有些凉，也有些粗暴，不似李家庭院里，温和，清爽。李叔同背后的长辫子，被风吹至胸前，在他淡烟青色素缎袍子上来回拂动，像极了行船驶过时泛起的海潮。天上的云，不停地变换着，有时好似一条细丝线，有时簇拥起来又宛如旧宅院中开放的木槿花。

　　李叔同站在船头，沉浸在自己纷乱的思绪中，回想起仿如蒙了一层烟雨的往事，也眺望笼罩着雾霭的前路。行船划开一道道水波，片刻之间，身后波澜便归于平静。有什么是永恒的呢？永恒的不过是时间罢了。时间爬过，一切都毫无踪迹。

　　偶尔，他也会回头看一眼正仰头望着天空的母亲。他知道这是母亲第二次坐船了。第一次是出嫁时，她像一条鱼一样，游出了自幼熟悉的那片水域，自此之后再也没有回去过。这一次是南下迁徙，惶惶然，要随儿子寻一条通往未来的道路，她心里明白，天津之城今后只在梦中。

　　如此看来，人生不过就是一个有去无回的过程。

　　上海港口熙熙攘攘，船夫停稳船只，绑上缆绳后，才示意李叔同他们下来。李叔同、王凤玲、俞氏、王妈四个人看着这座陌生的城市，慌乱有之，好奇有之。

　　新生活即将开始，可谁能否认，这又是一场徒劳的挣扎。

南迁上海

　　用过早餐，李叔同漫无目的地走出上海的新家。黄包车顺风跑来，车夫殷勤地问他去哪里。他想了想，那就去趟钱庄吧。

　　此时的北方，想必已然树叶凋零，寒气沁骨了，而上海仍枝繁叶茂，花团锦簇，唯有从黄浦江上吹来的风中，夹杂着些许凉意，让人感知秋日已经来临。

　　他坐在黄包车上，一路看着不断后退的风景，眼中满是新奇。细沙道路平整宽阔，车辆驶过带不起一丝尘埃；两旁的树木有些稀疏，还未铺成绿荫，许是近来才新植的；大户人家也不似天津城那般，在门前两侧蹲踞着石狮子。更让李叔同感到新奇的是，大路两旁都排列着街灯，直延伸到黄浦江江边。往日在天津，天色渐暗时，人们匆匆忙忙回家，而在上海，街灯总会在黄昏之际渐次亮起来。

　　李叔同坐在黄包车上，思绪如海潮般翻涌。他想着，这个年轻而繁华的城市，该属于正值锦瑟年华的他，而他也该借着这座有着新鲜血液的不夜城，尽情舞一场完美无瑕的人生。

　　此番来上海，文熙早已为李叔同部署周全。桐达李家在此地的申生裕钱庄设有柜房，收入极为丰厚，日常用度可随时支取。纵然如此，于上海而言，红遍了天津城的桐达李家不过如沙滩上的贝壳，随处可见，而他三少爷当下更是不起眼的生客。况且上海租界内，寸土如金，李叔同与母亲商量过后，只得租下洋泾浜以南的法租界卜邻里的一栋二层小楼。

　　小楼的规模，自然无法与天津大宅院相比。旧宅院中那座"意园"，单是规模就抵得上整座楼房，更别妄想如今的住所会有流着潺潺溪水的假山，蜻蜓栖息荷尖的清塘，四季葱绿的石竹了。人都是期望向高处走的，走出了旧日那座"大观园"，眼下的境遇难免会令人感到沮丧。

　　然而，王凤玲却心满意足，毕竟这里没有二太太与文熙的颐指气使，不必看旁人的脸色行事，更不用听顺风刮来的闲言碎语。王妈自从来到上海后，便不再称呼王凤玲为"四太太"，而直接称呼她为"太太"。俞氏与往常一样沉默寡言，与王妈不分主仆，轻巧地挽起丝绸质地的外衣袖子，同王妈打扫起这个新家。老铜镜被擦拭干净，玫瑰胭脂也散着微微香味，那根老松枝又挂在了王凤玲的屋中。乍看之下，新房屋内与旧家并无多大差异，但王凤玲瞅了瞅蜷缩在西北墙角的矮小的床，便想起了那张睡了二十多年的雕着龙凤呈祥的花梨木大床，心中微微发酸。

　　人生翻云覆雨，不知何时天晴何时雨。

　　最是梦中人，活得潇洒恣意。《红楼梦》中的贾宝玉，生在那好似天上人间的大观园，头上戴着束发嵌宝紫金冠，齐眉勒着二龙抢珠金抹额，穿一件二色金百蝶穿花大红箭袖，束着五彩丝攒花结长穗宫绦，外罩石青起花八团倭缎排穗褂，蹬着青缎粉底小朝靴，平生万种风情，千般姿态，或与水做的女儿家们吟诗赋词，或与名家公子诗酒唱和，真可谓是彻底体会了一场红尘繁华梦。

黄浦江畔，十里洋场，这座群星耀眼的城市可算得上李叔同的"大观园"。或许，他的命盘便是照着贾宝玉的轨迹转动的。即便到了大上海，日常生活亦是景致如许，丝毫不比天津城逊色，两层小楼重新粉刷，房门由厚重的黑胡桃木制成，庭院虽不大，也按照自己的喜好命仆人栽满了花草。下午时分，妻子总会为他泡制一壶普洱，再准备几碟小点心，其中有云片糕，有桂花糕，还有法式黄油曲奇。他总是啜一口清香的普洱茶，翻几页诗书，看一会儿静静游走的流云，而后顺势在排列整齐的小碟子中，用拇指与中指捏着一块精致糕点送进嘴里。

夕阳染红了天边的几朵云片，天色已经不早。在他起身之前，妻子已在书房中为他拉开灯，其中两人总是略打招呼，而后便沉默着做各自的事情。有时，李叔同认为，妻子就好似下午这些糕点，来来回回就这么几个花样，但于他的生活而言，这下午茶点又是必不可少的。如若少了，整个下午便索然无味。

妻子走出书房时，小心翼翼为他关上了门。昨天新认识了几个舞文弄墨的朋友，今天忽的来了兴致，便铺开纸，略加思索一番，便落笔成一首格调高雅的小诗。诗成之后，他生出了托人送给朋友的想法。一来是为了联络刚刚建立起来的感情，二来也好显示自己不俗的文字功底。

于是，他找来昔日早已做好的自制信笺，在这张中间画着两个连成环的圆圈的信笺上，用篆体小字，一笔一画地将那首小诗誊写下来。他的字体舒展劲健，笔意开张，多方折、侧锋、翻转，精美中不乏厚实，奢华中又不乏凝重。之后，他将信笺折叠整齐，装进手边的信封。如此大费周章，无非是想让大上海有他李三爷一席之地。

一切都打点好之后，李叔同叫来仆人，告诉他地址，命他将这封独一无二的信送去。待仆人转身关门时，李叔同又觉不妥，想了想之后，又从抽屉中拿出一张署名"成蹊"的红色名片，让仆人也一并带上。

时光在此时是仁慈的，把他带到了这座像极了《红楼梦》中大观园的大上海，又许给了取之无尽的才情，再加上他那干净得如同雨后天空的面容，以及用之无度的资财，他终究会如蚌中珍珠，渐渐发出透着蓝意的光芒。

城南草堂

  大南门附近，有一座草堂，是为城南草堂。草堂之北是青龙桥，岸边垂着杨柳，每逢孟春，翠绿如蓝，随风而舞。春草绵延而去，野花葳蕤摇曳。东面即是黄浦，江上帆樯来往，热闹非凡。房子旁侧有小浜缓缓淌过，浜上横跨一座苍古的金洞桥，桥畔的那两棵合抱粗的大柳树，想必有些年头了。庭院中栽植的多是李叔同不曾见过的江南植物，四季常青，花开时，幽香满院，花落时，风雅不减。草堂置于闹市之中，却又如空谷幽兰般，独处于喧哗之外，自有一种"心远地自偏"的气韵。

  李叔同第一次来此地时，便深深为之迷恋，仿佛啜饮了佳酿般，醺醺然中竟以为这座草堂是为他而生的。自然，震惊的并不仅仅是他，草堂的主人更是喜出望外。许幻园看着走进庭院的李叔同，戴着丝绒碗帽，帽子正中缀着一方白玉，身穿曲襟背心，花缎袍子。丝缎衬得肌肤堪比女子，眉目流盼间宛如月映深潭般熠熠生光。他的头抬得高高的，更有一种不染俗尘的遗世独立气质。许幻园不由得为之折服，心生相见恨晚之感。

  他在华亭中站定，与许幻园寒暄。两人心照不宣，许幻园喜欢李叔同满腹的才情，更羡慕他于喧嚣世界中，那份气定神闲的姿态。李叔同则羡慕许幻园有一个红袖添香的妻子——宋贞，夫妻二人闲居在草堂的天籁阁中，如神仙眷侣般将生活过得如一首雅致的小诗。兴致来时，两人续写《红楼梦》，不知不觉中，竟铺衍出了八种结局，分别为《复梦》《补梦》《后梦》《绮梦》《重梦》《演梦》等。故而，这座草堂又有"八红楼"之称。而自己的妻子俞氏，只知做些缝缝补补的家常事，至于文人间的雅事，她不懂，也没有机会懂。

  一切皆是天意，违背不得，执拗无用，唯有顺着既定的路途跋涉，方才看得到未来。李叔同走进这座城南草堂，亦是冥冥之中的安排。

  喝茶谈古今，煮酒论诗词，想必再也没有比这更惬意更风雅的事情了。

  其实，在李叔同来上海前一年，城南文社便已在许幻园的城南草堂中成立。宝山名士袁希濂、江阴书家张小楼、江湾儒医蔡小香，无一不是喜好摆弄丹青之人，时常聚在一起泼墨文章。文社每月会课一次，切磋诗文辞章，且出资悬赏征文，以添雅趣。

那一日午后，李叔同正用茶点时，有意无意中翻了翻当日的报纸，右下角那则城南文社的悬赏征文点亮了他的眼睛。纵然这是个私人文社，亦是崭露头角的机会。于是他便遣人拿来笔墨，略加思索，便遵循征文要求做好了一首格式规范、文辞缛丽的诗歌。斟酌再三后，他又替换掉第二句中的一字，使整首诗读起来既有严谨之感，又不乏灵动之韵。

俞氏端来糕点时，见他白皙的面颊上又因喜悦添了一层红润，就像洁白之云染上了夕阳之光。她是知书达理的大家闺秀，于她而言，相较于丈夫的门第，丈夫的才情更让他倾心。这一次，她与往日一样，并没有过多过问李叔同因何而喜，而李叔同也并未向她吐露只言片语，只是以温暖的笑意回应她内心的追问。

寄出的征文，好似黑夜中的航船猛然寻到了对岸的灯塔，竟连续三次名列榜首。这让许幻园大为惊异，亲自致信邀他加入文社。

上海的冬天，不似北方之冬那般执拗的寒彻，但从黄浦江吹来的风中，还是有着侵入骨髓的力量。街上的路人，三三两两，裹着棉布衣瑟缩而行，脚步越来越快，到最后竟忍不住小跑起来，以便早点回家避避寒风，烤烤炉火。然而，李叔同坐在黄包车里，第一次觉得在大上海寻到了自己的存在。冬日的阳光本是微弱的，而他仿佛沐浴在热情、炽烈的骄阳中。

一切皆随他的心动而富有魅力。

当他走进城南草堂时，袁希濂、张小楼、蔡小香以及其他文朋诗友早已坐定。他与大家寒暄一番后，即走向为他预留的空位上。会课由儒生张蒲友主持出题，并阅卷评定等级。课题分为文题与诗赋小课，前者须当日完成，后者则三日交卷。李叔同将这次入社作诗，当作一场才情的华丽演出。这是命运对他的考验，若是胜了，他就是经纶满腹的翩翩佳公子；若是负了，他就只得做人们眼中避难的庶出之子。于是，他激情澎湃，迫不及待又格外矜持地想要在聚光灯下，用丹青泼墨出赢得满堂彩的折子戏。

此次文题是"朱子之学出于延平，主静之旨与延平异又与濂溪异，试详其说"，这算得上大观园的戏台，他准备好一切只待粉墨登场。稍加思索之后，他执笔在砚台中蘸好墨,挥手书写,淋漓而尽,顷刻之时,文章便成。王孝廉与众人看过之后,无不为其丰富畅达的文思,极速快当的成文之速惊叹。

冬天,风一日比一日寒,清晨时甚至能看到橱窗中结了一层薄薄的冰。李叔同的下午茶点也由庭院挪到了书房中。在这场文采之戏中,他全情投入,诗赋小课为《拟宋玉小言赋》。在李叔同的认识中,宋玉之美,美到让登徒子这般人嫉妒;宋玉之才,惹得君王欢喜不已。于是,李叔同在作这篇赋时,格式规范而严谨,辞采华美而缛丽,铺陈淋漓而充沛,无一字可删改,无一字可增添,是为极致。

三日后,王孝廉阅完所有文社成员的诗赋后,手执毫笔在李叔同之卷上写下"写作俱佳,名列第一"八字。

戏曲演毕,掌声如潮,赞赏如浪,他终究是胜了。在这个陌生的大上海,上层名流中都知晓李家三少爷,有着秀丽干净的容貌,有着吟诗作赋的才情,有着风流儒雅的风度。更重要的是,在消遣与享受中,他赢得了能与自己过招的知己。

多年以后,李叔同与他的弟子丰子恺提起在上海的时光,仍不无留恋地说:"我从二十岁到二十六岁之间的五六年,是平生最幸福的时候。"于他而言,幸福之定义,即是寻到了真正的自己,做内心想做的事。

天涯五友

卜邻里距离城南草堂并不远,不过几分钟的车程。许幻园夫妇因钦羡于李叔同的才情与气质,便向其发出携妻眷搬来草堂同住的邀请。李叔同向来听母亲的,归家之后便向王凤玲说了此事。王凤玲也觉得卜邻太过冷清,孤零零的,好似跌进了无人的山谷。于是,李叔同一家便从租来的宅子里迁出,住进了城南草堂这座大观园。

草堂客厅左临的书房,便是李叔同的居所。客厅正中挂着一块名为"醾纨阁"的匾额。许幻园见右侧的书房尚缺一匾,便效仿名流自题斋名堂号的做法,乘兴写了"李庐"二字以赠。自此李叔同便有了"醼纵阁""李庐"之室名，以及"醼纵阁主""李庐主人"等新的别号。

烛光摇曳，觥筹交错，吟诗唱和，这画一般的景致，诗一般的快意人生，当只存在于诗词的字里行间，殊不知李叔同竟真如贾宝玉一般，将最虚幻繁华的梦境，嫁接到了最真切的现实中。

> 城南小住，情适闲居赋。
> 文采风流合倾慕，闭户著书自足。
> 阳春常驻山家，金樽酒进胡麻。
> 篱畔菊花未老，岭头又放梅花。

李叔同情不自禁作了这首《清平乐·赠许幻园》。篱畔菊花，颇有陶潜乐居山林的兴致；岭头梅花，自有林和靖于月黄昏之时静嗅暗香的雅趣。

人间的缘分，也真是奇妙得很。谁人皆是天涯飘零客，在苍茫的旷野中如蒲公英一般，风起时，便游弋四方；风停时，便在落脚之地暂且休憩。此生相遇且相知，算得上天赐的恩惠。许幻园与李叔同本各有各的江湖，此时却同居一舍，朝夕相对，以诗为乐，以酒助兴。

每日看着两人在庭院中醺醺然醉倒在诗词中，许幻园的夫人宋贞便免不了在风雅的唱和中，温婉地添上一笔叮咛与嘱托。"研前写画身犹壮，莫为繁华失本真。"李叔同看到这句"莫为繁华失本真"时，先是一怔，眼下的繁华究竟是真是幻，是实是虚，又或者这本就是一个咿咿呀呀唱着的戏园子，辨不出真幻虚实。随即李叔同抿嘴一笑，人生不过短短几十载，有几人幸运如自己，可以如俞伯牙遇到钟子期那般，得以与许幻园相识。故而，李叔同以诗作答："而今得结烟霞侣，休管人生幻与真。"

曹公说得实在是好，"假作真时真亦假，无为有处有还无"，人生如戏，真真假假，一辈子就这样过去了。

世间究竟有无天之涯，海之角，谁都无法说得清，道得明。或许，天涯海角不过是一种形容，一种感触，身在此岸，彼岸便是天涯海角。如此说起来，每个人皆是人间的过客，不曾带来什么，也无法带走什么。行走在路上的人，难免会邂逅飘零的同类，以相互取暖，抵御雨雪风霜。

那一日午后，袁希濂、张小楼、蔡小香三人又提着酒肉而至，许幻园与李叔同脸带笑意忙从客厅迎出来。佳酿伴着诗香，唱和伴着谈笑，光阴就这样一寸寸溜走。天色就如砚台中的墨，由淡而浓。新月攀上树梢，清浅之塘横斜着梅花疏影，风过竹林飒飒而响，甚为惬意。

月色浓，醉意浓，也不知是谁提议说，五人何不结为"天涯五友"。此言一出，人人皆拍手赞同。日后回忆起来，李叔同总觉得那段日子好像是一朵开不败的紫罗兰，时时散发着浓烈而不甜腻的香味。

在这座梦幻般的城堡中，王凤玲与李叔同一样，时而欣悦欢愉，时而感伤悲戚。夹在悲与喜的罅隙里，难免让人心生烦躁。每当此时，王凤玲便打开那盒玫瑰胭脂，匀在渐渐生了细碎皱纹的脸上，迈出内屋往宋贞居所走去。她知晓宋贞能文章诗词，又有些画中功夫，便常常请她说诗评画，以抚慰那搁置许久却又渐渐溢上来的墨瘾。或是花晨月夕，或是茶余饭后，两人时常相伴而坐，相契无间。

梅雨之时，宋贞早年落下的湿寒症就犯。王凤玲便在闷热的厨房中，亲自为其煎药。王妈不忍看着太太额角渗出颗颗汗珠，多次请求自己来煎终究无果。王妈只好拿来一把画着富贵牡丹的折扇，边为太太扇起凉风，边说着，太太对许夫人比对儿媳还要好些呢。王凤玲并不答话，只管煎药，心里却想着，许夫人终究是别人家的媳妇。

也就是在此时，坐在庭院里绣荷叶香包的俞氏，刚想站起来，便一阵眩晕，倒在了青色石阶上。王妈闻讯放下扇子，急忙赶过来，扶起脸色苍白的俞氏后，又遣人请大夫来。王凤玲将煎好的药，给许夫人端过去后，也匆匆走来。大夫号过脉后，随即向王凤玲作揖，恭喜太太，此是喜脉。

王凤玲向王妈交代几句，便转身走出俞氏的屋子，来到自己的居所，摘下那根因多次抚摸而变得更为光滑的老松枝，将其横在供桌上，点燃一炷香，双手合十，深深叩拜，但愿生儿子，如此李家这一分支便有了传宗接代的希望。

李叔同听闻这消息,内心并无生出多大的波澜,他正忙着与好友诗酒唱和,也忙着拓展文艺圈,识得画界的朱梦庐、高邕之、乌目山僧等,一杯薄酒,一幅好画,或是一碟糕点,谈谈笑笑间,就成了彼此的心腹。旧时的朋友竟是这样好交,志趣相同,便足矣,纯粹、透明、干净。之后"天涯五友"便与画界新友在上海福州路杨柳楼台旧址成立了"海上书画公会"。

　　白日里,他足够风光,犹如阳光下那颗璀璨的珍珠,莹白,滑润,光芒万丈。只是人们不知,多少个起风的夜晚,他伫立在那方"醴纨阁"匾额之下,思绪好似黄浦江上掀起的浪潮,久久无法平息。天空那颗北极星,也是时隐时现,在浓厚的烟雨中,不辨方位。

　　人间处处即天涯,说好不散的,也会在下一个驿站,各自纷飞。

第三章 秋寒：零星旧梦半浮沉

沧桑之境

落日映得海水半是瑟瑟半是红，风舀起一层又一层银色浪涛，远处的群鸟在水面上翻翼而飞，附近海域的小岛，在蒙蒙雾气中若隐若现。

光绪二十七年（1901年）二月间，李叔同又漂泊在了海上。来沪两年间，结识"天涯"诸友，与之诗酒唱和；与名流贤达品茗论艺，鉴赏书画；母亲也有俞氏与许夫人相伴，生活不可谓不惬意。然而，儿子出生时那一声啼哭，让他猛然辨得这城南草堂的生活，是驾在云雾之上的，是虚华的，是梦幻的，一切都那么不真实。于是，他想要逃，要折回原来的地方，寻找那个遗失的自己。

那一日，仆人的脚步也是散乱的，如同他出生时一般。李叔同在客厅之外来来回回地踱步，分不清到底是踌躇多几许，还是紧张多几分，只知自己并未像其他人那样将抑制不住的欣喜挂在脸上。与妻成婚，已三年有余，竟仍觉得彼此像个陌生人。

人们各有各的差事，进进出出险些将门槛踏破。唯有他郁郁寡欢，随着飘飞的落叶，吐出一声声叹息。他本想将这落落的心境，折成红信笺上的诗句，猛然间却听到一声划破天穹的啼哭声，刚刚蘸了淡墨的笔复又停住。这是生命伊始的声音，只是这生命的源头，不知在漫长的岁月中，将会从哪个分支流向大海。王妈满头大汗地走出产房，有些着急地问李叔同为何还不进去看看孩子。

王凤玲臂弯间的婴儿，被一块红绸布包裹着，犹如一颗熠熠生辉的新鲜宝珠，且散发着有些甜味的乳香。李叔同愣愣的，只是看着，并没有想接过来抱的意愿。王凤玲眼光始终不离开孙子，也没有在意李叔同的反常，而是自顾自地说，简直与成蹊出生时一模一样。这时，她把李叔同称作成蹊，觉得床上的俞氏就是当年盖着一袭丝锦印花被的自己，满心喜悦怀抱婴儿的人即是年过六十的李筱楼。她不禁心生惘然，时光是怎样就让一切都变了样子。

俞氏脸上是苍白的欢喜，就像当年生下李叔同的王凤玲一样，以为迎来了生命的拐角，前方就是满路的姹紫嫣红。她第一次催促李叔同，让他给孩子起个名字。本以为喜好摆弄丹青之人，取出的名字定美且智，华而敏，不料李叔同稍作思索后，便说：李准。如此中庸的名字，所谓准者，揆平取正。

王凤玲此时将孩子小心翼翼地放到李叔同的臂间，孩子眨了一下眼睛，复又安然入睡，而李叔同却忐忑不安，觉得臂间的重量，他无法承担得起。

生命的延续，血液的留传，是他从未想过的事。窗外陡然起风了，他忽然萌生了要回天津看看的念想，况且天津近日战乱不断，文熙一家境况如何，他也颇为挂怀。王凤玲手中拿着老松枝，眼角泛过一丝冷寂之光，只是扔下一句"你喜欢就好"。俞氏已经好久不戴那支银鎏金凤簪，鬓角的几缕发丝无力地垂下来，右手轻轻拍着李准入睡，并不说话，她心里明白，丈夫在与不在是一样的。

王凤玲想着，眼下日子过得再快活，终究是寄人篱下。

帆船驶过，划下一道道水波。海上除却散不尽的雾霭，还有偶然飞过的几只海鸥，一无所有。李叔同用过晚餐之后，便回船舱休息。那一晚，他睡得很沉，竟做起梦来。梦见自己回到家后，见妻子与母亲正相对垂泪，倾诉离别之殇，思念之苦。这般情景，惹得他也潸然泪下。醒来时，天空已然发亮，恍然中方知这不过是一场梦境，伸手抚摸枕巾却发现已被泪痕浇透。

不多时，海船便驶进大沽口。破防瓦砾，残垒败灶，早已不是昔日的繁华模样，他一边提着行李从塘沽登岸，一边想着不知天仙园还在不在，不知粮店后街六十号那座四合院还在不在。他顾不得休息，便赶着去坐开往天津城内的列车，却不期然列车早已开走，只得拖着重重的行李暂时在既没有门窗，亦没有床铺的客栈歇息片刻。其内的客人皆席地而坐，李叔同也便狼狈地蹲在地上等着傍晚那趟列车。

经过一番折腾，李叔同终于抵津。天仙园曾经是最为热闹的地方，如今已成一座空楼，徒留几片瓦砾。"见新人不由得我生生惊诧，好一枝春雪冻梅花。"李叔同仿佛看到杨翠喜又站在了台上，腰身依旧纤细如初，举手投足间皆是浓得化不开的欢喜。如今，戏中人已不知何处去，看戏人也无处去寻。一切都过去了，剩下的是什么呢，剩下的不过是片刻的欢愉记忆，以衬托当下的捉襟见肘。

再往前走，李叔同拐进粮店后街，四合院还在，只是那最熟悉的乌漆大门，已不是李家姓。文熙一家早已经因战事逃亡豫中，将房子抵给了旁人。祖上辛辛苦苦攒下来的基业，就这样被炮火炸成了碎片，即便捡得起一星半点，也于事无补。

二月间，天津的风依旧冰凉如骨，如锋利之刀划在脸上，生疼。然而，更疼的是心。李叔同无处可去，只得拎着行李徒步走至城东文熙的岳丈姚家。昔日津门社会名流，金石家王襄，书法家孟光慧，画家马家桐、徐士珍，诗人赵幼梅，皆是李叔同的旧时师友，听闻他回到天津，纷纷前来看望叙旧。唐代诗人司空曙说得好："乍见翻疑梦，相悲各问年。"再相逢时，景变迁，人已老，那些旧事无法说起，当下之境更添惆怅。

北方之仲春，天气乍暖还寒，一天午后竟撒下纷纷扬扬的雪。雪盖住了残破的屋瓦，盖住了颓废的庭院，盖住了堆满废墟的街道，也给李叔同的心，附上了一层冰凉。世界白茫茫一片，好像什么都不曾发生过，好像那些战乱留下来的疼痛，已经被温柔地原谅了。

只是，雪融化以后，大地仍是满目疮痍。

学业有成

  天空一角，几丝淡云，风骤然而起，一切不过是虚幻。然而，有太多人执意将梦当作现实。人生不过是一个圆圈，无论怎样走，皆能回到原点。出发，有时不过是踏上了通往原地的另一条路径。从前的起点，也时常是当下的终点。

  天气一天天暖起来，雪也化烬了。李叔同收拾行李，决意起程南归。说是归去，其实战乱的年代，哪里还有家，不过是找个有屋檐的地方，暂且避一避罢了。登上海轮，伫立船头，李叔同看着只剩断壁残垣的故乡越来越远，最后只在脑海中留下了零星的记忆。

  回到家中，他眼底映着几片黄浦江的帆影，摇摇曳曳，靠不了岸。俞氏将李准安放在摇篮里，打开行李箱，准备为他收拾衣物，见到里面一切如旧，只是多了好些散乱的手稿。李叔同起身将手稿一张张拿出来，摊在纹理细腻致密的紫檀桌上。他们依然少言少语，做着最为熟悉的陌生人。

  日子就这样不紧不慢地过着，墙角的那枝海棠开了又谢，转眼间已是草木繁盛的夏季。李叔同成天钻在书房里，一杯茶，几片桂花糕就是一个下午，他照着从天津带回来的手稿，抄抄写写，最终整理成《辛丑北征泪墨》一文，前记如是而言："游子无家，朔南驰逐。值兹离乱，弥多感哀。城郭人民，慨怆今昔。"除此之外，李叔同且将《辛丑北征泪墨》中串连的诗词另行辑出，寄给天津的赵元礼先生。

  推开窗，恰有一只蜻蜓立在池塘中的小荷上，微风乍起，吹皱了一池清水。李叔同知晓那本寄出的羁旅诗文，会在文艺界掀起另一番浪潮，只是这样的风光日子，终将会归于平淡，就像起风之前，那潭平静得没有一点波澜的池水。

  母亲终日供奉着那根老松枝，像对待神物一般，只是，她脸上的不悦之色也越来越明显。李叔同已年过二十二岁，既没有考取功名，更别提获得一官半职，甚至李家的产业，也没有完全得到应得的那一份。他终究没有走上母亲所希望的那条道路，恍恍惚惚，春夏秋冬轮着番过，他却越来越沉默寡言，甚至连与儿子逗乐的兴致都提不起。

秋天来临之时，庭院里的菊花吐出黄色的蕊，性子急的索性先零星地绽放了几朵颜色浅淡的小花。他本打算又要在清塘旁侧的小亭子里消磨午后时光，不料许幻园走过来拍拍他的肩膀，劝他出去走走，要不然该发霉了。巧得很，他刚行了一小段路，便听闻街上散布消息，南洋公学开设特班，招考"能作古文者，预定毕业后优拔保送经济特科"。于他而言，这不失为一条通往官僚阶层的道路，故而决定投考。

几千年来的封建科举制度，至此已是强弩之末，但考试仍是一轮接着一轮。特班共招收二十余人，李叔同最终以位居第十二的成绩被录取。如今再看看那份南洋公学特班学生的名单，不禁钦佩考官的慧眼。邵力子、黄炎培、谢无量、王世澂、胡仁源、殷祖同等人，后来无不走在了时代的前列。

入学时，他名为"李广平"。或许，他就是一个戏路纯熟的演员，在不同的戏台上，完美地扮演着符合当时场合的角色。

王凤玲那颗悬在半空中的心，终于沉下来。她披上已经许久不穿的李筱楼为她量身定做的低领蓝衣紫裙，袖口镶着白底全彩绣牡丹阔边，披云肩上垂着流苏。如今穿在身上，已经稍稍有些大，那些微微褶皱，正是岁月留下的痕迹。风吹来时，浅浅的樟脑味疏疏落落地散发出来。李叔同搀着母亲的胳膊，朝草堂外走去。小桥下的流水，潺潺悦耳；天空中的飞鸟，向南迁徙；金黄的稻穗，预示丰收。

如今，王凤玲对那根供着的老松枝，越发恭敬。冬天尚未至，春日已翩跹而来。

李叔同在学校宿舍独处一室，房间干净且雅致，四壁贴满了书画。走进学校时，他脱掉了时常穿的烟青色锦缎衣袍，换上了当时刚刚兴起来的西服，那顶缀着一方白玉的丝绒碗帽，也换成了样式简单质朴的学生帽。这一身打扮，去了几分昔日风流子弟的浮华，添了几许沉着与稳重。

自然，他是深藏大海的珍珠，是出生之日喜鹊为之衔枝的宠儿，那倜傥风流的底色是永远无法洗掉的，那熠熠光泽也是无法掩盖的。每至一处，众人都会以他为中心，以仰慕的姿态，渐渐向他靠拢，进入南洋公学亦然。

同学多为南方人，说话带着江浙口音，而李叔同作为红遍津门的翩翩佳公子，又时常出入京剧戏园，谈吐间自是不凡，那一口流利的"官话"清晰而响亮。他风度翩然，张弛有度，并不像空谷幽兰，孤芳自赏，而以温和静穆的姿态，融入同学之中。他是万花丛中的王者，却不遮蔽旁人的光泽。

在特科班总教习蔡元培先生的带领下，李叔同在窗明几净的教室里，如雨后拔节的笋、夏日燃烧的莲，热烈地生长着。政治、法律、外交、哲学、科学、文学、外语、伦理等课程代替了旧日冥顽不化的八股文，上午读着英文，学着数学；下午学习中文，习作诗词，间以体操等户外活动，这一切都为李叔同体内注入了新鲜的血液。

"广平，你来修筑祖国与国际的桥梁。"蔡元培先生的目光，在昏黄的灯光下显得格外有神。李叔同一心期望通过变法挽救江河日下的清王朝，但如若不懂国际上的公法，又如何能做到知己知彼。于是，在蔡元培先生的引导下，李叔同的英语水平日渐提高，且学会了"和文汉读"，最终翻译出了日本玉川次致的《法学门径书》，以及太田政弘等人合著的《国际私法》。自此，李广平三字流传于史。

在这般境遇里，他恍然觉得那些诗酒唱和的日子如海上的那只帆船，摇摇晃晃，渐行渐远。如今的他，重新变得纯粹、干净。

在"天韵阁"里，风流客即席赋诗。傍晚之时，初夏的风，还夹带着暮春的气息，稍稍有些凉。天色被摆弄丹青之人，一层层晕染，不知不觉间新月就攀上了树梢。桂花疏影映在墙上，斑斑驳驳，风一吹来，窸窣而响，珊珊可爱。

这"天韵阁"的主人，是沪上三百名长三妓，位列传胪的李苹香。天韵阁里没有姹紫嫣红，莺莺燕燕，不像戏园里以声换情，以姿色讨欢喜。这里只有一朵香遍上海的名花，在宣纸上开成诗。兴致起时，她给自己的居所起名为天韵阁，浑然天成，情韵雅致。

第一次来到此地时，李叔同有一瞬间的恍惚，好似走进了天津城的天仙园。然而，此地没有粉墨登场的戏子，没有手捧金饰求佳人回眸一笑的看客，更多的是一份文人的雅静。莫说戏子多情，这纸上的文章，一撇一捺之间，就好像情人的眉眼，来来去去，就生了火石电光。

月在酒杯中摇摇晃晃，醺然醉意也在清凉的风中散开。李苹香拿来笔墨，风流客们开始为她赋诗。这里是她的领地，诗作得好不好，皆由她说了算。在座的铁鹤、瑶庚、冷钵斋主、补园居士都是天韵阁的常客，唯有李叔同第一次来。按理说，李叔同该写几行花哨且带着几许朦胧的情诗赠予主人，方才不负美人一笑。而他心中微一思量，执笔在铺好的纸上写下一首七绝：

  沧海狂澜聒地流，新声怕听四弦秋。
  如何十里章台路，只有花枝不解愁。

李苹香一句句读下来，淡淡的笑里藏着几分深意。诗是好诗，只是这其中并无一句写给她。聪明如她，怎会不知晓这不过是一个纨绔青年刻意的显弄罢了。在李苹香眼中，忧伤书生随意泼墨时，不过徒有些漂亮的姿态。

李叔同看着她眼窝里的笑意，又连作了两首诗，皆是一样的忧国情调。李苹香心里想着，这些诗如若放在科举考场上，定会获得考官的青睐，只是这里是声色场，一味这样做清高的姿态，怕是有些唐突了佳人。然而，撇开为赋新诗强说愁的字句，单单看他的字，也足够惊艳李苹香。字用的是小隶，书体秀丽，挺健而潇洒。撇捺钩折之间，有些任性，有些执意，颇有六朝遗风。就凭这一点，李苹香大大方方地接受了并不属于她的诗。

一丝云飘来挡住了月亮半边脸，天韵阁之外越来越暗，之内却越来越亮。客来无时，客散亦无期。风流客仍蘸着浓酒泼墨香，而李叔同与李苹香则抽出身来，走至庭院。

天地无声，唯有刻意压抑的心跳如此明显。

说穿了，谁的人生不是逢场作戏。风月场中，吸引彼此的也无非是兴趣。李叔同连赋三首，并没有令李苹香为之深深折服，且还看穿了自己做戏的姿态，这反倒让李叔同对这个女子多了几分在意。而李苹香虽看不惯他故作清高的姿态，但那些诗倒作得有些功底，尤其是那稍有六朝遗风的隶体小字，在风流客中当排得上名号。

两人身披琥珀色的月华，踏着青石小路慢慢挪步。她那对流苏式的翡翠蝴蝶耳坠在风的吹拂下，前后摇摆，已经戴了好些时辰，坠得她有些疼。李叔同在她面前站定，轻轻为她摘下来，放到她手中。

"请问先生尊姓大名。"李苹香忽然意识到还不晓得眼前这个细心男子的名字。

"惜霜仙史。"李叔同看着她那好似蕴藏着一片湖泊的眼睛答道。置身于风月场中，眸子竟如此清澈，这不得不让李叔同备感惊异。

在天韵阁中，他再一次因角色需要，换了合适的名字。这种别号，让彼此觉得安全，如鱼潜入水底后，游弋得更为自由，更为自在。即便在交手过程中，付出了真意，捧出了真心，日后转身走入人海后，也可全然当作一场已经醒来的梦。

走了许久，两人的话并不多。慢慢迂回天韵阁时，众人已酒意阑珊，几碟果盘也都空了，桌上横竖斜着些诗词，都沾染着些脂粉气。她将手中的那对耳坠递给李叔同，像一朵绽开的夜来香一般，转身端坐到客人中央，蘸蘸余下的墨，也在空白纸上赋诗一首，算是今晚的封印之作。等她一撇一捺写完，李叔同为之一振，诗就像清池中水仙的疏影，清丽之姿，摄人心魂；而那三分小字，横竖之间更是处理得精心细腻。

李苹香抬头迎着李叔同的目光，笑吟吟的，并不说话。风月场中，又将演出一场风月戏，这一次与他过招的不是咿咿呀呀扮唱的杨翠喜，而是天韵阁里会舞文弄墨的李苹香。

与往常一样，不管多晚，家中总有一盏灯等他回来。李叔同未尝没有一丝愧疚，只是他的心一直悬在空中。自始至终，他都不是一个好丈夫，却扮演着一个完美的情人。于他而言，家中的妻子，就好似一杯白开水，无色亦无味，不过是日常所需；外面的女子，则宛如一把折扇，他总是想瞧瞧其中折叠着怎样的景致。

走进城南草堂时，俞氏正给李准盖被他蹬开的丝锦薄被，双眼因熬夜微微发红、内陷。

"还没睡？"李叔同有些于心不忍。

"这就睡了。"俞氏假装没有看见他，将一对蝴蝶流苏耳坠放入内兜。

管弦呕哑她不喜欢，笔墨纸砚她也不懂，她只是本本分分地守着这个家，尽妻子与儿媳的义务，此生别无他求，无怨亦无恨，沉静得如同一潭死水，惊不起半点波澜。与其说她对李叔同有爱，倒不如说她已经习惯了一直以来的生活方式。

李叔同是要寻绚丽景致的人，直至将这些红尘美景、锦瑟流年都看遍，他才会像贾宝玉那样，彻悟尘寰繁华不过虚幻一场，双手合十转身走入永恒之境。有人会问，如若李叔同知晓自己将遁入空门，还会不会惹下那么多风流债。命运的安排，自有深意，差一步都不会迎来属于自己的结局。正因为尝过爱恨交织的滋味，放手时才决绝、彻底。

哀乐长逝

月落乌啼，梦影依稀，往事知不知。

天色越来越白，梦中的场景也渐渐模糊成积着灰尘的玻璃后的风景。那座载满他青春岁月的城南草堂，也如日益没落的富贵人家，一寸寸暗下去。如诗般的岁月，终究只是笔墨的一厢情愿，参差错落地落在纸上，渐渐发黄，西风起时，就不知飘向哪里，最终无踪无影，无处可寻。

那个梅雨时节，雨淅淅沥沥地下着，从清晨至黄昏，始终没有停下的迹象。水珠在屋瓦上、青石小路上，溅起一朵朵小花。王凤玲在开着窗子的厨房里煎药，王妈拿着扇子在她背后扇来些凉风。

"看那许夫人的样子，怕是撑不住了。"王妈边扇边说。

王凤玲瞥了她一眼，并不答话。王凤玲看到许夫人脸上已经没了一点血色，又何尝不知她已经没有多少时日。待王凤玲将煎好的药端至她床前时，许夫人在许幻园掌心的那只手，已然凉了。

城南草堂没有了女主人聊以助兴，精气神一下子就颓败了七分。滴滴答答下了五六天的雨，在傍晚时分终于停了。黄昏笼罩下的这座大观园，铺满了苔藓。

王凤玲没有了伴儿，也一日日消瘦下去。心口实在闷得慌了，就把俞氏叫进屋来，让她陪自己说说话。其实，说来说去，都是早年她与奥地利公使夫人见面的场景，或是李叔同出生时比过年还要热闹的气氛，越说越觉得没意思，但下一次还会说起。俞氏沉默寡言地听着，听完了也不说什么。等到沉寂的草堂传来两个儿子的哭闹声时，俞氏才起身走出。

日子寡淡也好，热闹也罢，终究要过下去。

等李叔同从恍惚中醒过来时，已是第二年的春天。他忽然想起，去年冬天，庭院里的那棵梅树，并没有开花。往年的梅花开时，他总会掐下一枝，插在白底青花瓷瓶里。

光绪三十一年（1905年），三月，锦缎棉布衣裳换成了丝绸薄衫，气温渐渐回升。梨花开了，一小簇一小簇的，白如雪。有时夜中细雨凉风侵扰，梨花便如六瓣雪花飒飒而落。清晨推窗，看见满地梨花，难免伤感。

李叔同已经好几个月没睡安稳觉了，隔壁屋中母亲的咳嗽声，一波接着一波，让他有种揪心的疼。咳到最后，是有气无力的呻吟，仿佛死神已赶至门外。他不放心，起身随便披上件衣裳，往母亲房间走去。

乌云挡住了月华，只有星星闪着几莹光亮，稀稀落落的，就像李叔同心中渺茫的希望。此时正值子夜，一天中最为黑暗的时刻。

屋内许久不通风，闷得很，险些让李叔同喘不过气来。王妈也是整夜未睡，再加上过度伤心，整个人瘦了一圈，脸颊深深地陷了下去。李叔同让王妈先去休息会儿，这里由他照顾就好，王妈只是站在他身后不动。

在昏黄的灯光下，他看到母亲的脸，如今已经脱了相，不再似往日那般端庄秀丽。渐渐地，这张脸竟和宋贞走时重合，这一瞬间的恍惚让他心底升起一股无名火，也让他乱了阵脚。他执意吩咐王妈将那盒玫瑰胭脂拿来，王妈却颤颤巍巍地说：“少爷，还是准备寿材要紧。"这些他并不是不知道，只是经由旁人点醒，就仿佛觉得最不期望的事即刻就会侵袭而来。

李叔同强忍着眼泪，对王妈的话置若罔闻。王凤玲在几经咳嗽渐渐平息之后，似乎用尽平生最后一丝力气，拽住李叔同的手。

"带娘回家吧。"王凤玲闭着眼睛，从齿缝里一字一字地送出这句话。

落叶归根，纵然这几年过得舒心，终究不是归宿。她得回去，让魂灵认认回家的路。

李叔同用王妈递过来的热毛巾擦拭母亲嘴角的几丝血迹，"娘，我去请医生，病好了，咱就回家。"转身刚要迈出房门，又折回来，"娘，一定要等我回来。"

李叔同出门时，正下着雨，走过那棵梨树时，几片梨花簌簌地落在他肩上。顾不得将其拂落，李叔同已经走出好远。

王凤玲终究没有等到李叔同回来。临终时，她抬起沉重的眼皮，望了望墙上那根老松枝。一切都有终点，她的路到此为止。走向虚无的路上，那些欢愉的往事，那些悲伤的昔日，都散在了缥缈的烟霭里。

她未曾留下半句遗言，这并无波澜的一生，这孤独的一生，终究是完结了，又何必留下只言片语，紧紧抓住那些未曾完成的遗憾。

李叔同看着王妈和俞氏为母亲洁身、换衣、明目，插不上手。此刻，他心中反复纠缠的是，没有见到母亲最后一面。入棺时，李叔同迟缓地摘下墙上那根老松枝，放入其内。它伴了母亲大半辈子，理应该随着她去的。

或许，死亡是最大的解脱，然而，四十六载光阴，未免太过短暂。

母亲走了，李叔同心中空了一块，这一空就空了许多年，怎样都填不满。

那一年初夏，城南草堂很多花都没有开，只有草在恣意生长。李叔同料理完上海的事情后，便扶灵携眷，带着全部家什，乘船返回天津。这一条路，来来回回走了好几次，每一次都是不一样的心境。风将他背后的长辫带至襟前，俞氏在船舱内哄着两个儿子入睡，唯有海浪之声永不停息。

天津城近年来虽然渐渐繁荣起来，但仍掩不住破败气息。棺木抬至粮店后街六十号正门前，刚要进去，却被文熙制止："外丧不进门。"在桐达李家，李叔同说了不算，只得命人抬着棺木转进李家旧宅。

多年未曾打理，这座昔日的李家大院已经荒草丛生。这座坐北向南的三合院，已经勾不起李叔同零星记忆，唯有那棵老梅树给了他些许安慰。

待母亲的棺木停稳，他独自一人走进西厢房。母亲的那张雕着石榴百子的大床仍在，只是落了些灰尘。客厅里那架奥地利公使送的钢琴也在，他不由自主地掀开琴盖，掸掸位子上的土，决定为母亲填一首新词，作一首新曲。

哀游子茕茕其无依兮，在天之涯。
惟长夜漫漫而独寐兮，时恍惚以魂驰。
梦偃卧摇篮以啼笑兮，似婴儿时。
母食我甘酪与粉饵兮，父衣我以彩衣。
哀游子怆怆而自怜兮，吊形影悲。
惟长夜漫漫而独寐兮，时恍惚以魂驰。
梦挥泪出门辞父母兮，叹生别离。
父语我眠食宜珍重兮，母语我以早归。
月落乌啼，梦影依稀，往事知不知？
汩半生哀乐之长逝兮，感亲之恩其永垂。

曲毕，泪落衣襟。黄昏，雾霭朦胧。什么都不曾带来，什么也不曾带去，起点与终点无异。李叔同为这支曲取名为：《梦》。

东瀛之游

天津新开河边，张新庄以北，整齐地林立着一排排墓碑，相互陪伴，又如此寂寞。夜幕降临时，偶尔响起乌鸦的声音，不知谁坟头上开了一小丛花，黄色与白色相间，在风中煞是好看。

李叔同拥着一簇花，独自站在母亲坟前，任凭脚下草木恣意疯长，斜风肆虐而过。心中空落落的，却装不下任何事物。相依为命之人，已独自渡到生命对岸，那里定然落英缤纷，没有苦痛、悲伤。

送走母亲时，他用了独特的方式。自从文熙说出"外丧不进门"，他就认定是这个被旧制度禁锢的李家夺走了母亲本该幸福的一生。于是，没有漫天飞舞的纸钱，没有披麻戴孝，更没有哭天抢地的号哭，有的只是静默肃穆的吊唁者，以及李叔同那篇登载在《大公报》上的致悼词。

启者，我国丧仪繁文缛节，俚俗已甚。李叔同君广平愿力祛其旧。爰与同人商酌，据东西各国追悼会之例，略为变通，定新仪如下：

（一）凡我同人，倘愿致敬，或撰文诗，或书联句，或送花圈花牌，请毋馈以呢缎轴幛、纸箱扎彩、银钱洋圆等物。

（二）诸君光临，概免吊唁旧仪，倘愿致敬，请于开会时行鞠躬礼。

（三）追悼会仪式：（甲）开会。（乙）家人致哀辞。（丙）家人献花。（丁）家人行鞠躬礼。（戊）来宾行鞠躬礼。（庚）散会。

同人谨启。

棺木放置在客厅正中央，四周满是吊唁者送来的鲜花。棺木上方那根老松枝，好似有着神赐的光泽，像是婴儿格外清澈的眼睛，倒映着这个世界的真相。

李叔同在钢琴边坐下，修长的十指缓缓按出舒缓的旋律，童声如水波般回荡在礼堂中。

松柏兮翠蕤，凉风生德闱。母胡弃儿辈，长逝竟不归！
儿寒谁复恤？儿饥谁复思？哀哀复哀哀，魂兮归乎来！

恍惚间，李叔同听到父亲去世时那浑厚清明的钟磬之声，彼时他仍是个不知人间苦乐事的孩子，如今他做了母亲出殡的导演。中间的时光，都藏去了哪里呢，他弄不清楚。

天津大街小巷都争相传着，李家三少爷又做了一件奇事。只是，唯有他心里明白，一切都是为了让母亲安心地去往另一个世界。但无论仪式怎样新奇，母亲到底是回不来了。日后,他对弟子丰子恺说,母亲一死,他在人生路上,"就是不断地悲哀与忧愁",直至出家。

此时,站在王凤玲坟前之人,又换了名字,李哀。欢愉逝去,哀婉不绝。撑不住时,他总是想要逃,仿佛离开痛楚生发之地,便会避开那些不愿亦无力承担的责任。

这一次,他逃得格外远。海风搅起海浪,海浪吞没思绪。李叔同站在轮船上,看着祖国越来越远,最终消失在烟雨中。

东京,一到春天便会开满樱花。风过之处,好似下起一场粉色的樱花雨。

光绪三十一年(1905年),李叔同来到这里时,已是秋天,落叶铺径,灰白鸟群飞起又落下。行人匆匆走过,都是陌生的脸。记得的,都是些纷乱的片段,母亲的老松枝,杨翠喜玫瑰色的红唇,李苹香的蝴蝶流苏耳坠,还有俞氏伫立门边逐渐暗下去的眼神。二十多载的光阴,有些是他刻意忘记的,不愿提,生怕往事泛起的尘埃会迷了双眼。

上野不忍池畔,有一座白色的小洋楼,即是李叔同暂时租借之地。房间并不大,却被他布置得井井有条。一张木质的床,床上是叠得整齐的素色被褥。桌上放置着美术与音乐书籍,还有一套陶质茶具。墙壁上满满当当的皆是些碑帖、字画。每至一处新的地方,李叔同总要为居室起一个雅致的名字,正如他总是在不同的场合变换着姓名一样。李叔同为这所装点雅致且具有艺术气息的小洋楼,取名为"小迷楼"。

李叔同此时是一名沉静哂然的艺术生,专攻美术与英语。他以全新的面貌穿梭于学校与住所之间,脱掉了昔日的长衫马褂,剪去了长辫,梳着三七分头,鼻梁上架着一个没有脚的眼镜,袭一身硬领硬袖的西装,执一根手杖,踏一双尖头的皮鞋,简直与当地学生无异。他变得干脆、彻底,是如此想要忘掉那个隔海相望的旧时代。

倘若有什么值得回忆,应该就是母亲了。她就像那盒放置在铜镜前的玫瑰胭脂,淡香弥漫,却渐渐落了灰尘。还有那张雕着石榴百子的大床,明明留有两个人的位置,却只有她一个人蜷缩在锦缎棉被里,捱度黑夜。

很长的一段时间里，李叔同都想不出母亲像什么，当他来到东京，在一个春日看到盛开的满树樱花时，才猛然觉得母亲就是一朵樱花。用尽毕生的力气，开得绚烂、热烈，而风一来，就是一阵凄零的樱花雨。美到极致，又残酷到极致。

在天津城，在大上海，李叔同是大户人家的翩翩公子，走路时优雅中掩饰不住得意，头抬得很高。如今在东京，抱着一叠绘画书，走在街上时，他面带微笑，学会了放低姿态。独处"小迷楼"时，或是静默沉思，或是随意晕染几笔水彩。如若有客来访，他躬身请进门，用温火为其煮茶，用渐渐熟练的日语聊天。生活像是秋日的潭水，趋于平静；也如铺在清泠溪水中的鹅卵石，棱角日益减少。

这是适合遗忘的地方，午后清凉的风掀起落着樱花的窗帘，阳光恰好，不炽烈，也不冷淡。他摘下眼镜，搁下未完成的水彩画，起身走至窗边。街上行人很少，唯有几只鸥鸟在池中惊起层层涟漪。

这个陌生之地，曾一度安抚他的不安。

第四章　天涯：梦里花枝不解愁

沈沈乐界

　　松柏苍翠，和风穿林，仿佛是一剂抚慰人心的良药。爱鹰山高耸于眼前，雾气缭绕，影影绰绰。稻谷将熟，黄绿相间，延伸到天际，直至与海相连。

　　此是东京都西南、横滨与静冈之间的骏河湾畔度假胜地津沼的自然风光。李叔同鼻梁上驾着一副没有脚的眼镜，站立在画板前，将这番景致一笔笔挪到纸上，并为这幅夕阳水彩画取名为《津沼风景》。

　　落款为"李哀"。李哀，此是李叔同在东京的名字。一个"哀"字，与幸福无关，不过是一种淡薄的感受。这般感受并非是撕心裂肺般的痛楚，而是一种绵延流长的哀愁，在血液中循环流淌，生生不息。与锥心之痛比起来，潺潺而流的悲哀才更让人无法消受。

　　兴致起时，偶会访友，或拜见尊师，更多的时候，李叔同则喜欢独来独往。因唯有此时，那些渗透在血液里的悲哀，才会如此强烈地撞击着他。有人曾说，平静、圆润、达观，是做人应该有的姿态，但这并非艺术的特质。真正震颤人心的艺术，总是与人灵魂深处的哀伤和起伏相关，与深深的执念相连。独自一人时，李叔同才会在异国他乡，感受到寂然、萧索、彻寒、凉薄。

　　访友见师时，他习惯于穿一袭笔挺的西装，以彰显他低沉儒雅的气质。而在外写生这一日，他换上了藏青织花和服，腰间系着一条黑色绉布腰带，温和却掩不住落寞。

他总是有意无意地将自己塞进忙碌的生活中,只为不让大海彼岸的回忆猛然袭来,只为做一个与过去完全不同的自己。除却单纯的绘画写生,李叔同也萌生了编印一份《美术杂志》的念头。恰在此时,日本政府应清政府的要求,严格限制中国留学生之行动,筹办中的《美术杂志》也由此作罢。在"留滞东京,索居寡侣"的窘境之下,李叔同心有不甘,只得转变方向,在音乐中寻求寄托。

他曾在上海得到过启蒙教育,对音乐有着极为浓厚的兴趣。留别祖国时,那一首流淌着少年血泪的《祖国歌》,鼓舞了国人的民族自信心,也让他深切感受到了音乐艺术的推动力。

绘画梦无法延续,音乐梦在拐角处,遇到柳暗花明。黑夜中,独自漫步,黯然低头时,偶然瞥见水面满是闪烁的星光。命运,总是让人在最深的绝望里,遇见最美丽的惊喜,以此引导人们满怀期望地顺着人生之路,一直走下去。

前尘之事,早已留在了平行时空中。偶然的或是刻意的回首,非但未能挽回零星记忆,反倒惹得泪眼婆娑,满心惆怅。

新年伊始,李叔同独自在"小迷楼"里,蘸着淡墨,为《音乐小杂志》写序。

闲庭春浅,疏梅半开。朝曦上衣,软风入媚。流莺三五,隔树乱啼。乳燕一双,依人学语。上下宛转,有若互答。其音清脆,悦魄荡心。若夫萧辰告悴,百草不芳。寒蛩泣霜,杜鹃啼血。疏砧落叶,夜雨鸣鸡。

天津旧宅子里那棵老梅树,定然也嵌着一朵朵零星的小花,风起,花落。那里是母亲最后停留的地方,想必俞氏定拉着儿子的手,前来坐坐,就像王凤玲时常抱着李叔同坐在深宅里一样。

俞氏,想起这个名字,李叔同心中升起的更多是陌生感。这个女人,始终在他身边沉默,且将一直沉默下去,直至生命终结。对于她,李叔同说不清是喜欢多一点,还是习惯多一些。或许,这就是习惯的喜欢。

在这个岛国里,他并不想念任何一个人,或者说,他不敢想念他们当中的任何一个。他只是想念一种氛围，与"天涯五友"高声唱和，与红粉佳人眉目传情的氛围。只是，如今想起来，那般时光都是梦一样的存在，大朵大朵的玫瑰花开，而后又悄然谢落。

这些断断续续的情绪，并不让李叔同觉得难为情，反而成了他创作音乐的灵感。《音乐小杂志》除却日本人所作的两幅插画与三篇文章外，封面设计、美术绘画、社论、乐史、乐歌、杂纂、词府各栏均由李叔同以"息霜"之笔名一人包办。

纵然其规格为六十四开，只有三十页，却容纳了十九项内容，其中木炭画一幅、木版画两幅、文章七篇、乐歌三首、辞章五阕，分类甚为详细。

呜呼！沈沈乐界，眷予情其信芳；寂寂家山，独抑郁而谁语？翘夫湘灵瑟渺，凄凉帝子之魂；故国天寒，呜咽山阳之笛。《春灯》《燕子》，可怜几树斜阳；《玉树后庭》，愁对一钩新月。望凉风于天末，吹参差其谁思？冥想前尘，辄为怅惘；旅楼一角，长夜如年。援笔未终，灯昏欲泣。

没有亲人在侧，没有友人相伴，他终究是寂寞的，强劲的风一声声叩击着窗棂，屋内的灯欲明欲灭。执笔的手，已然冻得通红。然而，他并没有心灰意懒，笔端汩汩流淌而出的绘画与旋律，以及这篇为《音乐小杂志》作的序，都是心灵的慰藉。他以坚韧的耐心，等待着樱花开遍枝头的时节。

光绪三十二年（1906年）二月初八，《音乐小杂志》第一期在东京三光堂印就，心间跳跃的五线谱终嵌进了书页，延续了他的艺术情怀。五天之后寄回国内，20日由尤惜阴在上海代办发行，定价为两角八分。

早春的风，仍旧有些凉。一日，李叔同出门写生时，抬头猛然瞥见小楼对面的那棵樱花树绽开了几朵零星小花，花瓣粉粉嫩嫩的，就像刚刚出生的婴儿，也仿佛是那份刚创刊不久的《音乐小杂志》。恰在此时，东京美术学校的录取通知书寄到他手中。对于命运，他总是心存感激的，即便时常置身于茕茕孑立的处境中。

第一期《音乐小杂志》出版之后，原拟续出第二期，且刊登了编辑部征稿启事。然而，世事多变，这份定价颇高，印数也并不多的《音乐小杂志》，终因人手、经费之不足，以唯一的一期，变成了历史遗迹。自此之后，再无后续。

人生很多事，又何尝不是这样呢？美好的愿望，总会遇到绊脚石，而后便了无踪迹。然而，也不必悲伤，毕竟做梦的日子，心情与天空一样，总是湛蓝的。

不忍池边

不忍池边，有一片樱花林，每值花季，千树万树于一夜之间骤然盛放。旁侧的宽永寺森然矗立，在缥缈的雾霭间时隐时现。天还没大亮，西方的残月亦未隐退。

在东京，李叔同总是醒得很早。醒来后，他有时会面对一个静物，画上几笔素描；有时，什么也不做，只是躺在床上，望着印有樱花的天花板出神；有时，也会换下睡衣，穿上和服，走下楼来，在不忍池边漫步。

其实，这个国度最吸引他的并不是春季，纵然此时樱花树上满是繁华与绚烂，像是粉红色的梦一样。他最喜欢秋天，菡萏已凋谢，荷叶已枯萎，零乱寥落地铺在水中，别有一种颓败寂寞的美。他总是能在濒临消殒的颓势里，找到艺术的灵感。

只是，这一次，他在失眠的清晨，寻到的并非是绘画新的构思，也不是一段动听的旋律，而是无意中推开了一扇门——爱情。大洋彼岸的女子，他几乎记不起她们的样子，只觉得她们像是铜镜后的景致，只可远远观看，再也不可触及。

那一日，他在不忍池边微微俯首，静静地看着池中那轮还未来得及隐去的月亮。一个穿着浅红色和服的女子，从他身边悄然走过，像是风一样，几乎不曾留下一丝痕迹。而李叔同还是敏感地抬起头，用目光追逐着她的踪迹。她不同于天仙园的戏子，不是沉默寡言的大家闺秀，也不是天韵阁中摆弄丹青的妓女。如若非要拿什么来比喻眼前这个女子，怕也只有春天的樱花与冬天的雪，干净，纯粹，不带有任何矫饰，更无从说卖弄风情。

经历了太多繁华，就想要找一份无人打扰的寂静。看多了太多浓妆艳抹的女子，就想遇见一个天然雕饰的姑娘。几秒钟的犹豫之后，李叔同叫住了她。回眸之时，她那略带惊愕的眼神中，好似装着一片澄澈的湖水，倒映着他满心的欢喜。

他用并不太熟练的日语与她沟通，对方皱眉时，他便辅以手势。几刻钟过后，当她听懂他邀请她做裸体模特时，红晕镶上红扑扑的脸颊，却没有拒绝。

不知为何，初次见面，便有种久别重逢的亲切感。

几天之后，她轻盈地来了，并未刻意打扮过，仍旧穿着初见时那一件衣衫，淡碎花和服，略有些旧的质感。李叔同让她在桌子斜对面的椅子上坐定，晨光透过纱窗照进来，铺在她左侧的脸颊上，与右侧稍暗的脸颊形成恰到好处的对比。

她先是小心翼翼地摘下樱花状发饰，轻轻从木屐中移出双脚，弯腰褪去白色袜子。而后，她低眉颔首，无声地解下和服束带。从内至外，一件件衣衫，就好似包裹着她粉嫩身体的花瓣。在他的注视下，花瓣一片片剥落，飘零，直至她以自然之身完全袒露在他眼前，纤尘不染。

他从未问过她的名字，当她如花心般呈现在他面前时，他已在心里呼唤出了她的名字——雪子。晶莹透亮，无声开放。

此时正值冬季，她手心却微微出汗。根据他的指示，她赤脚走至床边，侧身而坐，左手将头发拢至背后，右手随意摆放，脸颊稍稍向后，半回首。

他拿起画笔，长时间地凝视着她。而她用同一种姿势静静坐着，眼中是小鹿乱撞的神情。她是美的，美在不自知。他定格了这具胴体的美，一笔笔勾勒，描绘，每一线条的走向，都直指神秘的仙境。

黄昏之时，屋中渐渐暗下来，她身上那束耀眼的光，逐渐变得柔和、温存。李叔同惊讶于这朝夕的变化，他用洞悉人生的睿智眼神，认领了独属于她，但她从未感知的美。日落之时，纸上已成一幅锦绣。他放下画笔，摘下眼镜，走向窗边，看着不忍池边最后一只白鸥飞起。

她起身从矮凳旁拾起散落的衣服，小心翼翼地包裹起微微颤动的身体。李叔同转过身来时，恰逢她系好腰间的束带。他朝她笑笑，这笑中满含谢意与欣赏。雪子长长舒一口气后,也笑了,明眸皓齿,有着淡淡的栀子花香味道。

她拿起桌上那幅画,画中的她像是未熟的苹果,有着涩涩的味道,但那小腿至脚踝凹凸有致的玲珑线条,又让她分明像一朵灼灼其华的桃花,开得饱满,开得热烈。

李叔同站在窗边,注视着这个专心看画的女子。有那么一瞬间,他仿佛觉得自己关于爱情的感受再度复活了,这份感受无关于大洋彼岸任何一个女子,而独属于眼前这个纯净的女子。

爱情,哪里需要什么理由。看见彼此眼中自己的影像时,情愫便会像海中的水草,恣意暗生。

在那幅含苞待放的裸体画上,他署名为"李岸"。漂泊了这么久,心灵终于找到了寄托。

之后,李叔同带着这幅画参加了"白马会"年展。"白马会"是他的老师黑田清辉于1896年创立的油画创作团体,成员多是来自东京美术学校有留法经历的教师。其参展的作品,即代表日本油画的最高水准。李叔同能跻身其中,自然说明他的绘画艺术已然被绘画界所认同。

《都新闻》报记者这样评价他参选的画作:"四十七号李岸氏的《朝》,用笔、用色都很大胆,只是用笔原非清国人所擅长的笔法,好像是刚刚学来的。然而,作为新时代第一个清国人,如此新奇独特的画法,倒是很有意思的。"字里行间,满是对他的赞赏与肯定。而他清楚地明白,这一切都与雪子深深相连。

朝夕相处时,雪子猜想他这般睿智深沉的男子,定然在大洋彼岸遗落着几段暧昧的故事。只是,他不主动说,她也不会主动问。直至有一天,她在他桌上看到那份《国民新闻》报上一段有关"清国人志于洋画"的报道,她才安下心来。

"您的双亲都健在吗?"记者问。

"都在。"

"您不想念故乡吗?"

"不。"语气是那样斩钉截铁,似乎要把一切连根拔起。

"那您的太太呢，您有孩子吗？"

"我一个人，二十六岁了，还是单身。"李叔同是这样急于将过往都抹去。

放下这份报纸，雪子明亮的眸中，更添了几分神采。就这样，她把最美的情，开在了爱情的盛年，而他张开双臂，拥着这份异国他乡的温暖。

茶花之女

不忍池边的樱花绽放时，李叔同牵着雪子的手，带她去看一出前不久刚兴起来的西洋戏剧。

那一日，雪子是刻意打扮过的。紫色的印花和服上，缀满了洁白如雪的小花。密密的针脚，缝着细微的情愫。腰间的那条纱质的系带，更衬出了她那纤细如垂柳般的腰肢。发髻上别着一只扇形梳篦，小巧雅致。

李叔同注视着她时，觉得爱情真是奇妙，本以为再也不会动心，就这样在不设防的某个时刻，不经意间生了情。那些昨日的伤与痛，仿佛在这一个港湾，渐渐愈合、结疤。

剧院里，人声鼎沸，与天仙园中全然不同。台上那个演《奥赛罗》中苔丝狄蒙娜的女子，没有婉转的声腔，只是用略显夸张的对白，叙述着戏中的爱情。身上的服装，是小说插画中层层叠叠的蓬裙，再搭一条拖至膝盖的蕾丝披肩。至于人物背后的布景，更与往日所见有别，虽不逼真，更谈不上奢华，倒也能与剧情相配。

戏剧演至高潮时，李叔同右手紧紧牵着雪子，左手托腮，觉得第一次在天仙园听的那出《梵王宫》，如石子一般渐渐落至海底。他明白了，艺术有更为清明的境地，姿色充其量不过是衬托。台上艺人收放自如的表演，为他指明了一条道路。

雪子的眼窝中，渐渐盈满了眼泪，洇湿了她脸颊上精心涂抹的胭脂。李叔同知道，这是爱情的力量，更是从容的表演所绽放出的艺术魅力。

大洋彼岸的戏剧，想必还是老样子，几叠捧场子的银票，一张堪比西子的面孔，几声黄鹂般清脆糯软的吟唱，就撑起了一台戏，至于戏剧有无高潮迭起，都是笑谈而已。或许，他可以改一改旧戏剧的路子，学一学这声色并茂、感情饱满的西洋戏剧。

心思一旦活动起来，就难以压制下去，这向来是李叔同的性子。

清光绪三十三年（1907年）二月十三，帷幕徐徐拉开时，一朵樱花在枝头悄然绽放。

背景是巴黎郊外，村落在恣意生长的丛林中，参差掩映。舞台上的道具简单而重点分明：一个典型的乡村式厅堂。厅堂正面是壁炉，炉上挂着一面镶着普通玻璃的镜框。壁炉两侧是可以开合的门，透过这扇门可以看得见园子里的景色，苍翠欲滴，间以黄白小花。

壁炉前，李叔同扮演的玛格丽特，慵懒地坐在沙发上。波浪长发上戴着一顶插花便帽。上穿粉红女式西装，下配以白色拖地长裙，轻盈而淡雅。那因饿了几顿饭而瘦下来的纤细腰肢，以及刮去胡子而显清秀的面容，正是个风姿绰约的俏佳人。听到有人敲门时，他不急不慢地站起身来，高高瘦瘦的，让台下的观众觉得，这恰是他们想象中的玛格丽特。

来客是曾孝谷扮演的杜瓦先生。早些年在国内时，他就是地道的戏迷，会随口哼一些二黄，对西洋戏剧也接触最早。此时，他着一身西服，头戴一顶礼帽，看上去颇有几分法国贵族的气质。

悲痛万分的玛格丽特，用纯正的国语诉说着与爱情有关的字句，那富有磁性的低沉嗓音，更让台下的观众屏气凝神。最终，玛格丽特并没有说服杜瓦先生，允许她与他儿子相爱。帷幕落下时，玛格丽特仍旧半倚在壁炉前，等待着情人。只是，这等待会是永远。

每一句念白，每一个悲伤或欢愉的表情，甚至每一个动作，台上那个穿着长裙之人，都在恍惚中分辨不清自己究竟是李叔同，还是玛格丽特，甚至是天仙园中风情万种的杨翠喜。

演员表上，玛格丽特的扮演者，不叫李哀，亦不叫李岸。刮掉胡子，匀上胭脂，穿上长裙时，他就成了从前的自己——擅长风月游戏的惜霜仙史。

帷幕徐徐闭合时,不忍池边微风乍起,那朵早春的樱花清香扑鼻,清池中的碧水漾起一片涟漪。李叔同与众演员深深鞠躬,伴着经久不息的掌声,他第一次觉得无论梦中还是梦外,都可以如此幸福。

多年以后,戏剧家松居松翁再回想起这次演出时,仍对李叔同的表演赞不绝口:"李君的优美、婉丽,绝非本国的演员所能比拟。倘使《椿姬》(即《茶花女》)以来,李君仍在努力这种艺术,那么岂让梅兰芳、尚小云辈驰名于中国的剧界。"

刮掉胡子,饿出细腰,对着镜子学女子的笑,走路迈着细碎步,李叔同在租来的屋子里,演着演着仿佛忘记了自己是男儿身。不疯魔不成活,如今想来,是对的。这出《茶花女遗事》塑造了一个新的李叔同。"最是那一低头的温柔,像一朵水莲花不胜凉风的娇羞。"

李叔同没有灵感时,常常盯着雪子看,看她那罗袖迎风的身段,看她那插在发髻上的竹梳,看她那如湖水般干净的眼睛。他已经好久不画画了,她也好久不裸露着肌肤让他认领她的美。此时,他长时间地盯着她,难免让她红了脸颊。有时,李叔同会觉得,雪子是另一个俞氏,顺从、温和。只是,雪子那不谙世事的天真,与俞氏划清了界限。

在与雪子的朝夕相处中,李叔同对女性的肢体动作、心理状态、表情语言了解得越来越深入,模仿得也越来越像。从妓女、贵妇到少女,他皆有所尝试。雪子不懂剧中爱恨交织的情感,也不懂李叔同的如痴如狂,只是静静地陪在他身边,小心翼翼地守护着这份爱情。

加入春柳社的人越来越多,在日留学的欧阳予倩也变为其成员。演戏上了瘾的李叔同与曾孝谷决定排演《黑奴吁天录》。这一次李叔同仍身着粉色洋装,扮演摇曳生姿的爱美柳夫人。之后便是在《生相怜》与《画家与其妹》中将低眉含羞的少女扮演得惟妙惟肖。

渐渐地,他兴致淡了。或许,他已经赢得了他想要的。静静看着雪子,将行头一件件叠好,放进衣柜,李叔同松了一口气。

恰在此时,清政府驻日使馆觉察到了《黑奴吁天录》的革命意图,即下令日后凡参与此类演出者，一律取消其留学费用。故而，春柳社的活动不得不中止。

就这样，他告别了舞台，又换上了藏青色和服。这终究是一段华丽的冒险，历经了险滩，体味到了刺激与快感，一切足矣。

回归故里

从哪里来，还是要回到哪里去，在天之涯的漂泊，终会在一处落脚。

清宣统二年（1911年）三月，正值东京樱花初绽时。李叔同摘下一朵，插在雪子的发鬓。风仍旧有些凉，拂在脸上，让人有种涩涩的冷。

来时，孤零零一个人。回去时，是一对如花美眷的璧人。想必，这便是生命给予他的馈赠，只是，多年以后，他才明白，凡是馈赠皆要还，而他无力还清。

游轮掀起了千层海浪，雪子坐在船舱内，摩挲着母亲亲手为她缝制的结婚礼服，眼中是忽喜忽忧的神情。她抬头看站在甲板上的丈夫，风掀起他平整得没有一丝褶皱的西装一角，吹乱了他的头发。他的背影是那样孤单，那样遥远，让雪子觉得她的陪伴，是那样多余。

许久以来，他都沉浸在艺术的世界里，沉浸在自己的想象里，说到底，他心中那座大观园始终不曾崩塌，于其中他唱着自哀自怜的曲，晕染着深浅分明的线条。外面的世界，是风是雨，是阴是晴，他不愿理会，也理会不着。

游轮并没有停在天津港口，而是转道去了上海。李叔同将他与雪子的新居，定在法租界一间简单的公寓里。屋内的空间并不大，四壁也没有多余的装饰，雪子觉得空荡荡的，心里压抑得险些透不过气来。在李叔同还未说话时，她第一次提议将那些有着明暗层次的画作挂在墙上。于是，墙壁上又挂满了绘画作品，如同东京那座"小迷楼"一样，这让雪子觉得心安。

来到上海，雪子开始学做一名中国太太。李叔同陪她在绸缎庄里量身定做了几身旗袍，一身是元宝领如意襟的素白色丝绸旗袍，一身是竹叶领琵琶襟的浅紫色锦缎旗袍。齐腰的头发用一支金镶玉步摇挽起来，静静坐在椅子上时，她像极了一个典型的大家闺秀。

有他的地方，就是她的家。她总是这样想着。陪在他身边，与之看遍流年，携手终老。这是她心中最完整也最烂漫的愿望。无论是在樱花开放的东京，还是在他的故土，于她而言，都是一样。

爱情，从来都是追随与成全。

风渐渐暖了，吹绿了岸边倒垂的柳枝。

李叔同决定回天津老家一趟，并没有打算带雪子同去。

"天津家里情况不好，你还是留在这里吧。"李叔同看着窗外那只翩然而过的蝴蝶。

挽留，从来都是徒劳，况且雪子向来把他的话当作神的旨意。她只是垂下眼睑，淡淡地问他何时回来。

天涯的游子，哪里有归期。闺房中的佳人，却只得把漫长的时日交付给等待。李叔同只说了一句"很快的"，就提着行李转身离去。他并不知晓，对等待之人而言，每一秒都是煎熬。被爱之人，总是这样有恃无恐。

叩响桐达李家乌漆的大门时，李叔同想着已经有多久不曾来到这里了。时间，真是让人害怕的东西。

俞氏拉着儿子的手，站在西厢房门前，怔怔地看着他，并不说话，与往常无异。王妈颤巍巍地走过来，接过他手中的行李，就这样，他再一次走进了李家大门。

收拾妥当之后，他开始着手布置"意园"旁边那座徒有其名的洋书房。添置了一套红木家具，又摆上了一架钢琴，且把那幅画着雪子的裸体油画挂在了墙壁上。至此，洋书房终于有了真正的西洋画。

孩子们看到后，捂着嘴咯咯地笑着。俞氏看了一眼，就垂下了头。在他的世界里，她从来都不是唯一。她知晓画中全裸的女子，定与丈夫有着千丝万缕的联系，只是她不善于说破，而这一点也正是李叔同所喜欢的。每个人都是独立的，各不相干，相互依存不过是暂时的，又何必因此禁锢了彼此的自由。

话虽如此，李叔同心中仍含愧意，甚至不敢与俞氏对视。一个人独坐，俞氏端来泡好的茶以及烹制好的糕点时，李叔同恍然觉得她与母亲越来越像。母亲时常抚摸那根终随她而去的老松枝，俞氏则与王妈为伴，看着这两个孩子渐渐长大。两人的眼神是一样的，不存在零星仇恨，有的只是打捞不尽的哀怨。她们都爱着一个并不爱她们的男子，不敢回头看来路，也看不清未来的样子。

　　每每在西厢房中对着那方老铜镜梳好了三七分头，擦亮了尖头皮鞋，他便走进挂着裸体画的洋书房会客。若无客来访，他便读读书，习习字，或是画几笔油画，弹一首曲子。

　　此时的他，并不愿深究生命的真相。清晨尚未到来，红楼梦尚未做完。

　　在距离天津一千多公里的上海，雪子透过落了灰尘的玻璃窗，望着庭院中渐渐枯萎的花，不发一言。相比初来上海时，如今的她，堪比黄花瘦。

　　思念的味道，是甜蜜伴着忧愁。这种滋味，李叔同也尝过，只不过，他远不如爱过他的女人们体会得深切。

　　他明明在俞氏身旁，俞氏仍旧觉得他在大洋彼岸，在角落里看着他纤瘦的背影，觉得一切都那么真实，却又带着一丝恍惚之感。无论他在眼前，还是在远方，俞氏都以自己的方式，思念着那份从未得到的爱情。而雪子全然不同，她的天真赋予了她言说的能力。丈夫在身旁时，她像一只小鹿，蹦来蹦去，全然不知相思为何物。一旦李叔同走出他的视线，她心中便燃烧着焦灼，渴盼他出现。

　　多年以后，俞氏仍将思念的味道守口如瓶，而雪子在与丈夫执手终老的幻梦中醒来后，将思念变成了一种习惯。

　　一个人，两个家庭，李叔同并没有丝毫不适，不适的是，那两个深深爱着他的女人。

在天之涯

几场秋风秋雨过后，天津城迎来第一场雪，很薄，一落地便融化。"意园"中唯有一枝梅花探出来，为这个冬季、这个时代添了一抹亮色。

地上一片泥泞。路，终究是不好走的。

弹琴绘画的时光，看似悠闲，时间一长，也难免让人觉得无聊。青春一瞬而逝，那些深一脚浅一脚走过的路，走过也就忘记了。每一剪光阴都不会重来，但谁不是常常将如此珍贵的时日浪费在重蹈覆辙上。

李叔同站在洋书房中，看窗外飘飞的雪，心想这样的天气，袁希濂该不会来了。正想着，袁希濂就披着一个羊毛呢披风迈过大门槛，顺着青石板路，一步步朝洋书房走来。李叔同心里一阵暖，恍然了悟有些人、有些感情，非但不能逐渐暗淡下去，反倒因时光的侵蚀而越来越厚重。

袁希濂自留学归来后，在天津任法官。李叔同与他时常在这间挂着裸体画，摆放着钢琴的洋书房中，回忆起早年在城南草堂的纯净时光。如今想想，那时的欢愉如此简单，一首小诗，几幅字画，品评唱和间，已是夕阳染流云；那时的忧伤也甚为纯粹，可以莫名地掉几滴泪，亦可以一言不发地闷上一天，无论怎样，不会在心里留下伤疤，过后就忘了。

如今，天涯之友各自沦落天涯，再聚齐已不知何年。

袁希濂走时，雪停了。李叔同透过两层玻璃的窗子，看了一会儿庭院的景致。说是看景致，其实是在出神，在这个大家庭中，他看似置身其中，实则已走上了另外的道路。回过神来，目光定在那张全裸像上，如花般的身体，以绽放的姿态，释放着她的羞涩以及那份等待他回应的爱情。

站在当下，回首看过往，那时的人、事、物，仿佛都是梦中场景一般，显得那么不真实。如若此刻雪子并没有在上海法租界一间简陋的房间内等他归来，他定然会觉得在东京的那些日子，宛如窗外的那场雪，转眼间就融化了，留下的不过是些氤氲的水汽，以及朦胧的幻想。

他随即笑了，笑自己流浪多年，惹下了如此多的情债，却无论如何也找不到最初的自己，至于回家的路，更是无处寻觅。

恰在此时，小儿子跑进来，脸颊冻得红扑扑的，头上还落着几朵未曾融化的雪花，"二伯摔倒了。"

正房客厅里，文熙瘫在一张太师椅上，脸色铁青。

"朝廷下令，全改官盐了。"

李叔同听后，心中如下雪天一般，冰凉。桐达李家经营了几辈的盐业，毁于一旦。随之而来的是，金融市场混乱，各大钱庄票号相继破产，继而趁机侵吞客户存银。李家的百万资产先是倒于义善源票号五十余万元，再倒于源丰润票号数十万元，局面犹如大厦崩塌，资产顷刻之间荡然无存。

文熙铁着脸，一话不说，但凡能收拢的家当全都收拢到了自己名下。李叔同仍旧是庶出之子，在这个大家庭里，说出的话就如一阵风，还未让人听清，就散了。

俞氏对于当下的处境，并没有抱怨。富日子苦日子，于她而言，并没有什么太大的区别。只要还在李家大院一天，他们母子就饿不着，毕竟他们仍是李家的一部分。只是，当俞氏看着两个孩子怯生生地站在李叔同面前时，就有种揪心的疼。她对他的爱是缄默无语，儿子对他的爱多半出于敬畏。

李叔同从未好好履行过丈夫的责任，如今，他又辜负了父亲这个称呼。

坐在洋书房里，他已许久不作诗，钢琴盖上也落了灰尘。他终日这样坐着，无所事事。是提不起兴致，更是逃避。

他是过客，不是归人。

俞氏在屋内做着刺绣，这就像她的沉默寡言一样，成了一种舍不掉的习惯。一针一线，用密密的针脚，在枕上绣出精致的鸳鸯图案，同时也将漫长的等待时光，缝进了自己渐渐枯萎的生命里。

她看着李叔同收拾行李，并没有放下手中的针线，针针仿佛扎在自己的心上。失神时，有一针扎在左手拇指上，看着血一点点渗出来，俞氏只是轻轻吮吸了几口。而后，她放下还未完成的鸳鸯枕，起身帮李叔同叠要带的衣衫。

从他提着并不重的行李迈进大门的那一刻，俞氏就清楚，他不会永远留下。

画中那个一丝不挂的女子，紧紧牵引着他的目光，也占据着他的心房。如若有一天，他说要走，定然是为了她。

俞氏看着窗外开得正盛的梅花，觉得一棵树尚有繁华之日，自己的生命为何开不出一朵花。这样也好，不花也就不谢，没有波澜的日子纵然平淡了些，到底也不用害怕哪一天会被狂风巨浪卷起。

再过几日就是除夕，李叔同却坚持要走。俞氏一手拉着一个孩子，话刚要出口，又生生咽了下去。她心里清楚，有些话不如不说，说了反而让彼此都尴尬。迈出大门时，李叔同甚至没有勇气回头。

人生有太多的岔路口，不知向左还是向右。其实，命运早已设定好了轨迹，世间所有的纠结与纷争，也都会尘埃落定，只是当时不自知，待到日后回忆起来时，才恍然明白岁月的深意。

俞氏站在门外，望着他离去的方向，觉得他还会回来，于是又将时光交付给了毫无希望的等待。只是，有生之年，她再未见他提着行李，迈进桐达李家这扇乌漆大门。

他是浪子，终要以天涯海角为家。她是深闺少妇，终要把等待像刺绣那样刺进生命。

谁都没有错，错的只是这一圈圈流年。

第二卷

李叔同

浓淡皆宜

每个人是每个人的过客,今日在月华下饮酒唱和,不知今夕何夕,明日一挥手又成为路人。飘零,不仅在版图上,亦在心灵里。年少时不知愁为何物,却一再登上层楼,将淡而轻的愁绪折叠成一首首卖弄才情的小诗。岁月渐长,领略世间风寒雨霜后,方才明白,忧愁已成生命不可承受之重,却又无法言说,不可言说。

走得太远,时常忘却当初为何出发。此时,唯有回归自我与本真,生命才有深沉的质感。

第五章　落红：春光长逝不归兮

山重水复

有人说过，世间唯一不变的是改变。

曾经的大上海，歌舞升平，即便是在瑟缩的冬天，也热闹异常。如今，辛亥革命爆发，时局动荡，再加上金融危机，大上海早如雪融化之后的道路，成了一片泥浆烂污，丑陋至极。

这本是个暂时落脚的地方，李叔同却将这里当成了归宿。人与城市的缘分，从来这样让人猜不透。

雪子穿着一件紫色斜襟绸缎夹棉旗袍，站在庭院里。李叔同提着行李，走进大门，将一件羊毛呢长大衣披在她身上。所有等待的光阴，在这一刻都得到了代偿。那些不眠的夜晚，以及那些无声的眼泪，也都是值得的。纵然，他在身边，雪子依旧觉得，他是那么遥远，如同天上的星辰一样。

外面的局势，一日不如一日，人心就如风中乱飞的纸屑，惶惶然辨不清方向。那座桃花源般的城南草堂也没能幸免，许幻园的百万资产，亦如桐达李家那样，一夜之间就成了泡影，分文不剩。无奈之下，他只得将这座寄存着歌唱风雅时光的城南草堂低价卖掉，以便偿还债务。上海已没有他的寄身之处，许幻园只得前来与李叔同告别，而后北上谋求生路。

往昔，一壶热茶就是一段有诗点缀的清明日子。如今，青花瓷杯中的茶，渐渐凉却，两人仍只是一声声叹息。相聚的日子，终有尽头；从前的时光，唯能记在心里。天涯海角，愿君珍重。留下之人，也只能为对方默默祝福。

夕阳染红了流云，雾霭笼罩了整条小巷。城南草堂已在不相干之人名下，许幻园也慢慢消失在李叔同的视野里。桌几上的茶，再等不来一个知心人。

跳动的音符，片段式的旋律，在李叔同脑中断断续续地出现。他回想着从前轻狂的岁月，任手指自由地在黑白键上跳跃，那些满上又空了的酒杯，那些随心泼染的诗词，那段流洒奔放的青春时光，都在旋律中找到了归宿。李叔同一边弹，一边在琴谱上记录。雪子本想为他披上件衣服，又怕打扰了他，迈进门的一只脚又悄悄退了出去。

许久之后，旋律如水般流畅，落在之上的词也在删删改改中理顺。

长亭外，古道边，芳草碧连天。晚风拂柳笛声残，夕阳山外山。
天之涯，地之角，知交半零落。一觚浊酒尽余欢，今宵别梦寒。

一曲弹毕，泪水已打湿衣襟。相见时难别亦难，不经意间，他们像蒲公英一般，在风中，四散飘零。

生活再惨淡，也终究要过下去。除夕过后，新的一年又开始了。

时局所致，李叔同已不再是伸手就能从李家钱庄拿钱的公子哥，为了支撑上海日常的开销，他也得踏踏实实干份事。故而，应好友杨白民之请，李叔同成了一名普普通通的教员，于城东女学教授国文。

昨日还是醉心于艺术的翩翩公子，今日摇身一变就成为养家糊口而奔波的教员，命运在转角处果真有让人意想不到的景致。

城东女学是一所民办学校，学生入学时不设门槛，凡有志学者，年龄、学历一概不论。最有趣的是，黄炎培亦是本校教员，其夫人王纠思则成了他的学生。黄炎培是老师，别的学生该称王纠思为黄师母，可她又是与大家坐在同一个教室里上课的学生。不仅如此，黄炎培的两个女儿还与母亲在同一个班级，彼此在称呼上很是难叫。

李叔同在这里极为清闲,不过是照着课件讲义,普及些基础知识。然而,越是闲下来,心就越空,挥之不去的忧伤随着没有方向的漂泊重重向他袭来。这份薪水微薄的工作,终究让他无法安定下来,他还是愿意做个自在洒脱的艺术家。然而,由于时局的纷乱,那种随心所欲的时光已经消逝在风中。

　　人生之路,向来都是婉曲崎岖的,难免给人以山重水复疑无路之感。如若停下来,眼前只会是层层叠叠的山峦,以及望不到边际的汪洋。但假若继续向前寻觅,或许会在重峦叠嶂之外,看见掩映着的柳暗花明。

　　他一直在等。

　　春分过后,风一日日暖了起来。

　　天空湛蓝,洁净得甚至连一丝云都没有。

　　李叔同接到了一纸来自《太平洋报》的邀约,等待终于有了结果。他的心寄居在文艺世界里,理当用丹青水彩晕染出一场淋漓尽致的人生。

　　《太平洋报》的主编除却他,亦有南社盟主柳亚子,诗僧苏曼殊,甚至一些并不知名的作家。旁人将其当作差事,兴趣起时便写两笔字,填一首词,权当作附庸风雅的游戏;心灰意懒时也就应付了事,索性丢开不管,也是常有的事。唯有李叔同,将这份报纸当作自己施展拳脚的领地,全神贯注投入其中。

　　微风斜过的午后,报社同仁时常聚在一起,饮酒唱和,赋诗填词。李叔同做完自己的事情后,便悄然离开,并不坐下来与大家高谈阔论。这种场景难免会让他想起城南草堂的时光,回忆有毒,唯有戒掉方能在余下的光阴中过得安然静好。历经太多繁华与苍凉,他越来越喜欢独处时波澜不惊的心境。

　　一日,《太平洋报》上刊出了李叔同自己所作的两首诗,忧伤的调子,却是平和的姿态。

　　　　收拾残红意自勤,携锄替筑百花坟。
　　　　玉钩斜畔隋家冢,一样千秋冷夕曛。

　　　　飘零何事怨春归,九十韶光花自飞。

>　　寄语芳魂莫惆怅，美人香草好相依。

　　这两首《题丁慕琴绘黛玉葬花图》，让人想起了大观园中的林黛玉。蹙着眉，看着漫天的花瓣，几经飘零终落于污浊的大地之上，心中满是怨恨春归的惆怅。怜花，何尝不是自怜。大观园的林黛玉如此，置身于喧嚣之中的李叔同亦是这般。

　　只是，李叔同心中的忧伤，更带了几许清高。那是文人冰清玉洁的理想，不甘让其落在浑浊的俗世，染上层层尘埃。他深知现实与理想的罅隙，无论如何都填不满，连接二者的桥梁，只能是晕染在白纸上的墨字，以及那美人香草般高洁的心魂。

　　花开自有花落时，此为客观规律，李叔同无力改变。他能做的，唯有让心间纷飞的花瓣，纤尘不染。

心有所属

　　清明的内心，浮华的世界，彼此无法调和。幸然，李叔同有可投注精力的事业。

　　夏意渐浓，心有所属，此刻甚好。

　　脱去公子哥的习气，酒肆画舫，戏园茶楼，题诗品妓，再也找不到他的身影。渐渐地，他喜欢离群索居，独处一隅。对外界的关注度淡了，转向于关注自己的内心，前些年未尝思索的事情，如今时常在夜色阑珊之际，盘旋在脑中，久久挥不去。

　　换过那么多的名字，皆因心意不定，不知道自己究竟是谁，愿意成为怎样的人。前方仍有雾霭缭绕，茂盛丛林阻隔，还有太长的路，等待着他去摸索，去行走。

　　修行，才刚刚开始。息交绝游，是李叔同此时的生活状态。

　　平日里，除却去城东女学教课，他便独自待在报馆三楼的一间小房子内，或是闭目静卧，或是读书看画，或是编写书稿。房门多半时间都关着，偶尔虚掩时，可从缝隙中看他伏在案上，自顾自地忙碌着。

那楼里也住着苏曼殊，纵然两人同为报馆之人，却少有交集。毕竟道不同，不为谋，两人皆与佛有缘，但苏曼殊三度入佛，最终向往红尘之繁华，意欲在俗世中寻求乐界。而李叔同在尘寰中挣扎半生，终顿悟世事，遁入空门，参破生死。人生参差错落，蔓枝丛生，从无定论。

苏曼殊闲云野鹤，于当下之事与眼前之人，都不甚珍惜。那一日，叶楚伧向苏曼殊索画，苏曼殊则搬出无画具以及无清静画室的理由，婉言相拒。叶楚伧急着做下一期报纸的版面，又恰好李叔同不在，无奈之下只好强行将苏曼殊带到李叔同的房间里，让他即刻作画。许久之后，一幅《汾堤吊梦图》则落在纸上。

李叔同归来之后，对这幅画甚为欣赏，便决定将其铸版发表在《太平洋报》上，同时配上自己以隶书笔意题写的《莎士比亚墓志》。苏曼殊之画，李叔同之字，两两相映，趣意横生，也难怪时人会称这件艺术作品为"双绝"。

尽管如此，想必李叔同也知晓苏曼殊对他颇有微词。早些年，李叔同演出《生相怜》后，曾遭到观众批评，苏曼殊是其中之一。于《燕影剧谈》一文中，苏曼殊这样写道："前数年东京留学者创春柳社，以提倡新剧自命，曾演《黑奴吁天录》《茶花女遗事》《新蝶梦》《血蓑衣》《生相怜》诸剧，都属幼稚，无甚可观，兼时作粗劣语句，盖多浮躁少年厮入耳。"

对于这些琐事，他早已学会不计较。毕竟每个人都有自己的一条路，怎样走，取决于自己，与旁人并无太大关联。既然旁人对他所演的戏剧评价不高，那他便索性不做了，绘画、诗词、书法、音乐，任凭哪一领域，都有他的一席之地。

除却在《太平洋报》上发表苏曼殊的《汾堤吊梦图》，李叔同还发表了苏曼殊的小说《断鸿零雁记》，且请陈师曾为之插画，足见李叔同对苏曼殊才情的重视。

人与人的相交际会，冥冥之中自有深意。今日相聚一场，明日或许就各奔天涯。

生活一如既往地热闹着，而李叔同习惯了躲在灯火阑珊处，独自赏着夜空中明明灭灭的星辰。

繁花开始簌簌而落，草木也在盛夏过后，渐渐枯萎。万物凋零之际，其实报刊也终会走下坡路，因李叔同乐在其中，并没有察觉。

自疯魔地演俳优戏以来，他很少再以认真的姿态投入任何事情上。如今，心静下来了，心思也就专注了。

除却《太平洋报》的主编之责，李叔同还兼任报纸版面的美工与广告设计。

广告，即广而告之，醒目且富有新意才能达到宣传之效果。李叔同懂得如何在千篇一律的旧式广告中，创造出新颖的形式，正如知晓怎样在死水般的湖中投入一粒石子，掀起些诱人的涟漪。

于是，他用楷体、隶书等各种字体撰写广告文字，同时绘制图案，必要时还加入木刻。如此一来，文字之简洁、图案之美观，即刻为广告输入了新鲜的血液，且丝毫不沾染市侩气。

无论在哪里，他总是要用一桩桩奇事，而使自己璀璨夺目，或许这一生，他终究要将世间繁华都尝遍，如此方能缓缓走上顿悟之路。如若觉得生命的轨迹，毫无线索，只因还未走到决定命运走向的岔路口。

渐渐地，李叔同明白，人生即是一条返璞归真之路。《太平洋报》在创刊之日，便成立了专门研究文学与美术的社团，即文美会。成立之初，主要成员便商议每月举办一次雅集。

五月天，阳光正盛，橙红色的石榴花在枝头摇曳。

文美会举行了第一次，亦是唯一的一次雅集。柳亚子、黄宾虹、叶楚伧等称得上名号的作家或绘画家，皆携着自己得意的珍品来至会场。李叔同拿着屏气凝神写下的篆书，蒋卓如拿着亲自撰写的书联，李梅庵则展示了自己绘制且题词的折扇。这场集会丝毫不逊色于城南草堂的诗酒唱和，然而那段清明如水的日子已经作古，那种纯粹的欢乐也已散在风中，李叔同坐在角落里，提不起太大的兴致，也没有丝毫不悦，他已经学会不将悲喜写在脸上。

一个人的精力有限，将时间花费在此物之上，彼物自然要受到冷落。雪子脱下短呢大衣，穿上露臂的开襟旗袍，看着春风遣青柳条，又等来石榴花开，却少与李叔同碰面。他越来越远了，就像湖心那枚月亮，皎洁似琥珀，闪着清冷的光泽,却如何都打捞不起。

李叔同心中有愧,但依旧自顾自地舞着与众不同的人生,只是这份执着与认真,看在旁人眼中,多半滑稽可笑。

夏末秋初,枝叶间的蝉鸣渐渐稀落,风也日益凉爽。自然时序更迭时,人事也有了变动。民国元年(1912年)二月十四,袁世凯登上总统宝座,六个月之后,《太平洋报》后台老板陈其美离职,报馆随即因财政危机而被迫停刊。

春花秋月何时了,往事知多少。秋天要来了,李叔同又成了一枚落叶,在风中独自飘飘荡荡,不知何处是归程。

湖光山色

夜阑珊,风阑珊,意阑珊。路途在生命未了时,从未有尽头。赶路,是世人一贯的姿态。

秋色渐浓,李叔同只身来到杭州,并未将雪子带在身旁。

应浙江官立两级师范学堂校长经亨颐之邀,李叔同来校任音乐、图画教师。少年的风流倜傥与落拓不羁,留日以来的漂泊辗转与奔波劳累,使得他早已参破了这个世界,正如张爱玲所说:生命是一袭华美的袍,爬满了虱子。

提着不重的行李,站在高高的砖墙外,李叔同抬头仰望,密集整齐的瓦片之上,是湛蓝的触摸不到的天空,无边无际。时光未免太过无情,许诺过他堪比天高的梦想,赐予过他清澈无忧的岁月,他怀着拥有一切的信念,到头来,终是一无所有。笔端那些诗词、绘画、音符,如今看来,不过是求生的工具罢了。

只是,李叔同早已在生活中学会了顺从。命运的安排自有深意,又何必徒劳地更改岁月既定的轨迹。

李叔同做事向来认真,学校本是九月初开学,他却早去了十天,以便打理好宿舍,整理好心情。即便心中满是荒凉无力之感,他也要打起精神,做个教员。处在哪个位置上,就要做好相应的事,这道理李叔同是懂的。

杭州不比他处,纵然此刻已入秋,仍是暑热难当。即便是在流萤纷飞的晚上,庭树静立,高楼挡风,依旧燥热难耐。幸然,刚刚结识的两个新同事,姜丹书与夏丏尊解风情,闲来无事便陪他去西湖游览散心。

三人尝着当地的菱角,饮着清凉沁心的茶,各自说起从前的快意之事,心中又是忧伤又是欣悦。夕阳渐渐沉落,暮山披上了一层紫色,游客三三两两地散了,眼看着流萤就要从林中飞出来。湖边的风,比学校的风要清凉一些,透过薄衣衫拂在肌肤上,整个人也似乎轻快起来。

旧事难提,仍会在某个恰当的时刻提起。李叔同沉醉在这般惬意的时光中,不由得提起了城南草堂。光阴明快,笑声明朗,笔下的诗仿佛是蓝色的,纯净透明。李叔同说得正起劲时,猛然停下,都成往事了,越说越伤感,倒不如不说。或许流逝的从来都不是时间,而是在熙熙攘攘的尘世中汲汲奔走的人们。

三人一时沉默,天色越来越深。夏丏尊为李叔同满上一杯茶,问他从前是否来过杭州。"那都是十年前了,匆匆来匆匆去,未曾好好玩过,只是在涌金门外吃过一回茶。"李叔同啜了一口茶,悠悠地说着。一只流萤飞来,又翩然而去。

月华铺洒于湖面之上,明如宝镜,远处的山峰在灯火之间,若隐若现。盛着菱角的盘子,慢慢空了,游人已散尽。三人从湖心亭走出时,已是夜半,纵然游兴未尽,终究该散了。乘月而归,心中满载星辰。

回到住所,室外万籁俱寂。独坐案前,执笔而书,夜晚的感受参差错落地排列在纸上。

岁月如流,倏逾九稔。生者流离,逝者不作,坠欢莫拾,酒痕在衣。刘孝标云:"魂魄一去,将同秋草。"吾生渺茫,可怆然感矣。漏下三箭,秉烛言归。星辰在天,万籁俱寂,野火暗暗,疑似青磷;垂杨沉沉,有如酣睡。归来篝灯,斗室无寐,秋声如雨,我劳如何?目瞑意倦,濡笔记之。

是为《西湖夜游记》。

人生即是一个将从前所获之物再一件件失去的过程。

"上有天堂，下有苏杭"，世人都知晓杭州的景致浓淡皆宜，可与西子相媲美。李叔同将心中那份无所皈依的惆怅扬在风中，撒在湖心，走走逛逛，便拾得几笔佳句。

教书之余，他时常独自一人到景春园楼上吃茶。景春园即在西湖边上，他的住所则在离西湖只两里路光景的钱塘门内。在茶馆楼下吃茶之人，多半是些摇船抬轿的苦力，你来我往，喧闹异常。而李叔同常常穿过熙攘的人群，拾级而上，躲到清静的楼上。他吩咐店小二泡制一壶上好的菊花茶，临窗而坐，凭栏眺望，湖水在淡淡的阳光下，泛着点点光泽，微风斜过，掀起一片涟漪，许久都无法恢复平静。楼下的嘈杂之声，隐隐地升上来，李叔同心中便生出万千滋味。这大千世界，人人都有自己的生存状态，而他又属于哪一种？

沙漏无声，不知不觉中，一个下午就这样过去。夕阳染红流云时，李叔同在桌上放下茶水钱，而后起身走出景春园。

青砖小径，婉曲回环，李叔同却走得心不在焉。这条路从哪里延伸而来，又通往何处？他只是过客，却找不到船，行不到对岸。杭州风景独好，只可惜，在这荒凉的流年里，此处终究是个寂寞的港湾。

稍稍兴致好时，也会同夏丏尊再次到湖心亭吃菱品茗。因心无寄托，又有诸多事放不下，李叔同总是郁郁寡欢。朝花不再于黄昏重拾，前尘之事泛起尘埃时，难免会迷了双眼。至于未来，就像夕阳落下后的那片远山，影影绰绰。两人能谈的唯有当下，可当下爱情已成镜中之花，艺术已是水中之月，境况如此凄然，又有什么好说。倒不如尝几片菱角，啜几口清茶，暂把光阴消磨。

"像我们这种人，出家做和尚倒是很好的。"夏丏尊看着波光荡漾的湖面，有意无意地说。

恰在此时，不远处昭庆寺响起层层叠叠的梵音。李叔同猛地想起父亲去世时，那场静穆庄严的佛事。一切皆有深意，等着他慢慢参透、领悟。

回到住所，临窗独坐，研墨铺纸，听着簌簌落叶之声，将所见之景，折成诗句，晕染而出：

看明湖一碧，六桥锁烟水。塔影参差，有画船自来去。垂杨柳两行，绿染长堤。飏晴风,又笛韵悠扬起。

看青山四围,高峰南北齐。山色自空濛,有竹木媚幽姿。探古洞烟霞,翠扑须眉。霅暮雨,又钟声林外起。

大好湖山如此,独擅天然美。明湖碧无际,又青山绿作堆。漾晴光潋滟,带雨色幽奇。靓妆比西子,尽浓淡总相宜。

笔下景致与心底色泽,并不相符。良辰美景奈何天,他心终究无处可寄。

执教生涯

每人都会从此岸渡到彼岸,唯有经过孤独、寂寞、萧索、冷寂、凉薄,而后走过曲折山径,听到来自灵魂山谷的回声,方才看得清过往、当下,甚至能预见未来。

李叔同是待渡之人,而他却一次次站上三尺讲台,用一本本详细的讲义,为他人撑船,将懵懂学子渡到水之对岸。

上课铃响,学生唱着、喊着、笑着,甚至骂着推搡着走进教室,迈进门槛之时,所有的声音皆在一刻间消失。他们继而红着脸端坐到自己的位子上,偷偷仰起头来看那位已经端坐在讲台上的老师。

灰色的粗布袍子、黑布马褂,前额宽而广,丹凤眼细而长,鼻梁笔挺隆正,其上架着一副黑色的钢丝边眼镜,一脸的威严。纵然身着布衣布鞋,形式却极为称身,颜色也很端洁,有着素朴深蕴之美,毫无花哨轻浮之感。

两块黑板都已清楚地写好本堂课所讲内容,讲桌上整齐地放置着点名簿、讲义,以及他的教课笔记簿、粉笔。这间四面装有玻璃窗的音乐教室中,居中放置着两架钢琴,四周摆放着五十多架风琴。此是李叔同力争而来的,在答应经亨颐担任此校教师之前,他要求每位学生要有一架风琴,绘画室石膏头像、画架一应俱全。这对经亨颐而言,无疑是一个难题,毕竟学校资金有限,且市面少有存货。

"同学出去要教唱歌，不会弹琴不行。教授时间有限，练习全在课外，你难办到，我怕难以遵命。"李叔同向来如此认真。

生命中处处皆是难题，需要走万里路去寻求答案。他本该活在艺术世界里，驾着想象之羽，在彩云之上或是深海之中尽情遨游。只是，在现实面前，他只得缴械投降，做一名教书匠。

想必彼岸已姹紫嫣红开遍，而他在原地兜兜转转，找不到一艘可以越过汪洋的行船。路一直延伸在脚下，只是不管走多久，梦想都是那么遥远。

人世间，万事万物皆以矛盾的姿态存在，得到与失去如是。

他明知三尺讲台盛不下他的艺术梦，却也于其中撒播下了热情。一件事，不做则已，要做就做到最好，这从来都是李叔同秉持的信念。

他教授绘画，不主张让学生在室内临摹画帖，而是以室内与室外写生的方式，让学生接触千变万化的实景实物。

春日来时，西湖边上，杨柳倒垂，随风摇曳；梨花似雪，清淡飘香。时有钟声传来，晚晖落红。学生支起画架，凝视着眼前的风景，而后低下头来，在画板上精心地勾勒着。一只飞鸟，一朵似绽非绽的花骨朵，甚至湖中溅起的一圈圈波纹，都可做写生的对象。李叔同在画架之间踱步，观察每幅画的进度，偶尔会给予某位不知如何入手的学生一两句温和简练的指导，或用炭笔添几笔线条，或用橡皮轻轻擦去一角，如此画板上的构图则更为完整，也更明暗分明。

春风吹面薄于纱，春人妆束淡于画。游春人在中行，万花飞舞春人下。
梨花淡白菜花黄，柳花委地芥花香。莺啼陌上人归去，花外疏钟送夕阳。

李叔同看着学生交上来的素描画，写下了这首《春游》。疏淡的意境，平和的心态，生活再荡不起丝丝涟漪。微风吹来时，掀起了薄薄的春衫，却拂不动那颗归于岑寂的心。稍后，他给这首《春游》谱上曲子，在音乐课上，教学生唱。几个聪慧的学生，唱着唱着，看到老师的眼中闪动着几星似泪的光，隐隐知晓了其中的弦外之音。

身在何方，归去何处？寻不到答案。学生抬着稚嫩的脸仰望他，却不知他心中犹如飞絮，白茫茫一片。老师该有老师的样子，传道授业解惑。李叔同终究要掩饰内心的彷徨，将一块块璞玉打磨成稀世珍宝。这是他的责任，无法逃脱。

画室内的每扇窗子，皆遮以蓝色窗帘，李叔同如往常一样，早已端坐在讲台之上。上课铃响时，从隔壁房间走来一名身披薄棉被的男子。他望了望李叔同，稍略犹豫之后，便揭下了身上的棉被。一线阳光从屋顶的气窗透进来，恰如新式舞台上的一束追光，聚集在这具肌肉发达的身躯上。

学生早先以为所谓模特，只裸露部分身躯，羞人之处自不会不遮盖，故而看到眼前情景，难免有些慌悚，且夹杂着不知所措的难为情。

这是李叔同第一堂人体写生课，亦是中国历史上的第一次。

"这是美与力的结合体，你们的画笔应当记录下来。"李叔同站在进门处左侧，微笑地对学生说。在李叔同的带领下，学生们穿过轮回的四季，穿过丛林与沼泽，有了一场场美的历程。

学生曾在李叔同与夏丏尊的指导下编过一本"自己刻、自己印、自己装订"的《木版画集》，其中收录了一幅李叔同模仿小孩画的人像的木刻作品。多年以后，美术家毕克官先生在谈及此事时，无不赞扬地说："李叔同应是中国现代版画艺术最早的作者和倡导者。也就是说，我国早在1912~1918年间就出现了研习现代版画技法的组织，并出有成果。这件事，在中国现代版画史上是不应该被疏漏的。"

有心播下的花种，未曾举起一朵绚烂小花；无心插下的柳枝，却在来年春日茂盛成荫。莫怪命运阴差阳错，也不彷徨只身何处是归程，再没有比接受眼前这一切更好的决定了。然而，为何心中仍有大雾弥漫？

水涨船高，学生撑着一支长篙，向青草更青处漫溯，寻找彼岸那未曾遗失的美梦。而李叔同站在原地，听着来自四面八方的风声，任凭未开的花，遗落在光阴中。

往事无法忘，心魔不可解。

浮华阑珊

几场秋风过后,又是一年落雪时。薄秋衫换成了厚大衣,里面衬一层棉。

时令轮番转换,心境却一如既往。

随着教书的名声在外面响起来,李叔同又接到了南京高等师范学校的邀请函,仍是任音乐与图画教员。这封信笺,并不能给他的生活带来改观,不过是增加些许薪酬罢了。天津的俞氏与两个儿子,上海的雪子,都需要他每月寄去生活费以维持生计。他内心藏着的那个艺术家,渐渐被生活磨去了棱角。

在南京与杭州之间奔波,难免会身心疲惫。多次想辞去一方的教职,又碍于友人的情面,久久未能成行。上海已经许久不回,雪子的信一封接着一封寄来,并没有具体的事,不过是些天寒加衣之类。偶尔,他也回几封信,极短,不说何时回去看她,不做拖泥带水之态。一声声叹息,在玻璃窗上呵成一团迷雾,许久不散。

撇开个人理不清的思绪,李叔同在课堂之上,依旧以严谨温和的气质,散发着人格魅力。

民国元年(1912年)冬日,雪纷纷扬扬落下,覆盖了结了一层薄冰的西湖,也掩没了各条婉曲的小径。学生刘质平在下课铃响之后,从座位上站起身来,将自己昨天写好的习作交给老师过目。李叔同将拿起的金表与讲义复又放置在讲桌上,拿起学生递过来的曲子,细细地看了一遍。而后,他缓缓地抬起头,透过黑色钢丝边眼镜,若有所思地注视着眼前这个略显稚嫩的学生。

"今晚8点35分,赴音乐教室,有话讲。"李叔同留下这句话,便走出教室。

夜色如墨,星辰不见,大雪丝毫没有停下的迹象。刘质平仍顶着越来越大的风,准时到达音乐教师门口。教室门前已有足迹,但教室之内一片漆黑,门也关得紧紧的。刘质平向来尊重师长,门未开,他便在门外静静等待。六瓣的雪花,渐渐落满他的眉毛与肩头。时间的漏沙一粒粒滴落,他从未生出要离开的念头。霎时间,教室内灯光猛然大亮,李叔同拿着金表走出来。

"相约时间无误,你可以回去了。"李叔同认真地说道。

曲子好坏不要紧,关键是看他能否守时,面对风雪是否无惧。不是所有的学生都是璞玉，也并非所有的璞玉都可雕琢成器。可塑之材当特殊对待，于每周课堂之外，李叔同单独指导刘质平两次，且将其介绍到彼时在杭州的美籍教师鲍乃德夫人处学琴。

栽下的桃枝渐渐开花、结果，此是认真育人的代偿。只是，为何独处景春园，临窗而坐时，看着湖水与蓝天相接的远方，心中仍是万千不甘？

让学生上了船，得负责将学生送到对岸，如若任其在海中央毫无方向地漂流，则是摧残一颗追求艺术之美的心灵。

民国四年（1915年），秋风格外凉薄，叶子也落得比往年早一些。

刘质平因身体不适，休学在家，心情好似落了一层秋霜。李叔同知晓那种空落落的感觉，便取一张自制的信笺，提笔用楷体小字写下："人生多见，'不如意事常八九'，吾人于此，当镇定精神，免于苦中寻乐；若处处拘泥，徒劳脑力，无济于事，适自苦耳。吾弟卧病多暇，可取古人修养格言读之，胸中必另有一番境界。"搁笔、折叠、封缄、寄出，这繁复过程里，写信人浓情如酒，收信人在启封之时便醉了。

民国五年（1916年）盛夏，李叔同送走了他第一批学生，刘质平毕业后留学日本，并于翌年考入东京音乐学校。生活总是悲欢交替，刘质平出身农村，家中甚是贫寒，无力支付学费。李叔同多方筹措未果，官方推诿，好友亦无力解囊相助，无奈之下，只好自己供这个得意门生上学。

他拿出记事簿，蘸一点墨，提笔写下资助计划：

每月收入薪水百零五元。上海家用四十元，天津家用二十五元，自己食用十元、零用五元、应酬费买物添衣费五元。余下二十元可作刘君学费用。

说到底，艺术之理想的世界，是戴着镣铐起舞的舞者。一旦脱离了现实物资，再丰盈饱满的想象力，也会渐渐干枯委顿。

李叔同看着这份辛酸的收支打算，觉得心从来不曾自由过。如若没有天津与上海的家庭，也不必资助刘质平上学，他可以过得极为滋润。然而，身躯寄托在俗世之中，欲要有一番作为，灵魂又怎能摆脱这千丝万缕的罗网？

　　午后，细雨如丝，像剪不断的愁。

　　李叔同已是景春园的常客，店小二不等他吩咐便将一壶菊花茶送至二楼的临窗处。他手中的那一份报纸，被雨稍稍溅湿，风吹干后，起了些褶皱。报纸右下角，几行密密麻麻的小字，刺中了他的痛处。李岸毕业于东京美术学校，回国后不过成了一名教书匠，颇为可惜。

　　路在哪里，如何解脱？白日寂然独坐，彻夜冥思苦想，那些潜伏在命运深处的隐喻，那些寄存在掌纹中叠放起伏，充盈着秋天萧瑟寥落的意蕴。

　　舟在水中行，雾霭周身绕。山一程，水一程，黑夜白昼交替，始终看不到转机。即便山中偶有一朵野花探来，欢愉也不过一瞬，继而便是漫长的等候。

　　沧海桑田的尽头是什么？永恒是否存在？梦与现实能否趋同？

　　李叔同一遍遍追问，终究无果。

　　时机尚未到来，一切须得等待。

第六章　空门：万籁俱寂丛林寒

翩然而归

　　西湖附近，有一所寺院，是为虎跑寺。寺院与虎跑泉之间，有一条婉曲的石板路相连，大约二里的路程。小径两侧是茂密旺盛的山林，给人以清凉之感。一条溪流从山上蜿蜒而下，潺潺而流，距离寺院越近，水声越响。赏着郁郁葱葱的山林，听着激越的水声，一路走过石板路，迎面便会看到一座四方凉亭，墙上印着三个大字：虎跑泉。

　　此地极为幽静，秋天甚至能闻晓叶子落地之声。寺中房子很多，平日里都关着。游客来访，不能进入。方丈的楼上，只居住着一位出家人，此外并无人居住，很是清净。

　　人与物的缘分，总是奇妙得很。这样一所清幽静谧的寺院，好似冥冥之中在等一位有缘人，等他在懵懂迷茫中走入，而后在此处参禅打坐，释然往事，洞悉未来，洗净心之尘埃，顿悟虚无之人生，直至渡到彼岸。

　　属于你的终会穿过曲折的山路与朦胧的雾霭，与你久别重逢，要耐心等待。

　　身心之苦聚集在心中已久，李叔同在教书之余便追索消除的办法。听闻夏丏尊从日本杂志上看到的以断食更新身心的修养方法，李叔同觉得颇为可行，决心一试。

学校已放冬假，学生与教员相继离校，平日里热闹的校园瞬时便静了下来。李叔同坐在居所窗前，愣愣地出神。桌上放置着雪子寄来的书信，问他何时回去。他回信极为简短，并未告知回程日期，只是说暂且有事，故有延误。

仅靠信笺维持的爱情，能否长久？雪子坐在梳妆台前，默默地看着镜中的自己。眼角不知何时有了些许细微褶皱，从前清亮的眸中如今满是落寞的神情。爱情托付给一个遥远得见不到面的男人，花样年华抵押给冷寂的深闺。

爱是什么？雪子问自己。心中荡起的回声告诉她，爱是心甘情愿忍受疼痛。

李叔同心中不是不觉亏欠，然而自己尚且不知路在何方，又怎能将旁人照顾周全。

民国五年（1916年）十一月三十，李叔同携带灰色棉袍、布棉鞋，以及日常用具、笔墨纸张，来到虎跑寺。与之同往的，还有一向照料李叔同起居的校工闻玉。

起程之前，他已做了详密的断食计划，全程共三星期：第一个星期逐渐减食，直至完全不食；第二个星期，除饮水外，完全不食；第三个星期，由汤粥开始，逐渐增加至常量。同时，嘱托闻玉：断食中，不会任何亲友，不拆任何函件，不问任何事务。家中有事，由闻玉答复，处理完毕。待断食期满，告诉我。断食中尽量谢绝一切谈话。

闻玉是他虔诚的护法，只是，他并未完全按照嘱托行事。

午后约四时入山，人声渐渐疏落，心也慢慢静下来。于他而言，断食与新生之间有着必然联系。棉布鞋踏在青石板上，每一步都好似通往崭新而奇妙的世界。

李叔同下榻于客堂楼下，居室朝南，清晨之时，曙光会透过窗子渗进来。闻玉即住在其后一所小室内，两室之间仅仅隔着一块板壁，故而两人呼应便捷。

当晚李叔同吃了些素菜，精神异常饱满。点燃菜油灯，作楷书八十四字。纵然前些天伤风微嗽未愈，喉紧声哑，倒也不觉碍事。静坐片刻后，早早就寝，只是楼上所住僧人的脚步声，让他入睡有些慢。

这是一场灵魂的追逐，镜花水月或许并非虚幻，这种美应该一直存在内心一隅，唯有将俗务清除干净，方能显现。这更是一种神圣的仪式，在灵修锻炼中，控制食欲，磨炼心智，以此找到一条心灵之路，如凤凰那样，经浴火焚烧之后，获得涅槃。

欲望总与痛楚毗邻而居，是以克制欲望，痛楚自然减轻。

断食期间，所食之物，不过是些清淡的素菜，不沾丁点荤腥，紫苏叶、白豆腐之类，以及颗粒有限的白米，饮品多半是清冷水，有时混杏仁露，实在顶不住时，便食几枚梅干，几枚小橘，半个香蕉。

午后时常独自散步至山门，归来时略微疲惫。稍作歇息，便上楼访弘声上人，向其借几部经书。静坐与写字，是每日必备课程，有时静坐半小时，精神好时，便延长静坐时间。所写之字，以楷字居多，其次便是篆字、隶书，也有魏碑，纵然体力时有不支，笔力与往日相较，并不减弱。

断食期间，闻玉违背嘱托，拿了雪子信笺给他。他摇摇头，并不拆开，而后在杏色纸笺上写下："情"可畏也。心灵就这样渐渐起了变化，从前游戏风月场，嗜情嗜爱，乐此不疲。如今，只觉情爱是种牵绊。

一天快要结束时，李叔同总要记录下当日的时间、气候、饮食、起居行止，以及生理反应、心理状态。周详细致，毫不遗落。

第六日，断食正期第一日。起床之后，手足略感乏力，脑力稍有衰退，写日记时有几笔误字。那一日，他共饮梅茶一杯，梨汁一个，橘汁两个。早早入睡后，竟梦见自己变为少年，眉目清秀，穿着素色锦缎衣袍。醒来之后，他欣喜异常，认为断食渐渐起了功效。

食物断了，心也就轻了。自此之后，他入睡无梦，心清、意净、体轻、无挂、无虑。静坐之时，耳根灵明，能听平常人不能听，悟人所不能悟，觉大地间皆是不息之声。正期第四日，他一时兴起，作印一方，是为"不食人间烟火"，并于当天的日记中写道：空空洞洞，既悲而欣。

放下，是另一种收获。唯有秋天，花树方能结果。置身烟火俗世，内心应当留一片清澈湖泊。空中流云、寺中竹林、书中文字，都是生命的隐喻。他恍然听到前方有声音传来，是呼唤，也是引领。

此后，他缓慢进食。最朴素平常的青菜、豆腐，如今尝来竟觉是人间美味。

精神极佳，足力极健，午后常于山中散步，采撷花草或是松子。闲下来时，便诵天理教《神乐歌序章》，或是抄写《神乐歌》。

十二月十九日，断食结束。李叔同与闻玉走出虎跑寺时，回头看那扇赭红色的大门，觉得门内外是两个世界。微雨轻洒，落于他周身。他觉得他还会再回来。

山路婉曲折回，脚步轻快有力。接下来，便是另一种人生，另一种极致了。

参破红尘

随心而去，是最率性的生活方式。风无定向，心有所倾，无论是追逐耀眼的尘世烟火，还是求索云雾深处的清明，都由时机所致。

断食之后，李叔同内心澄澈干净，自觉已然重生。此刻，于他而言，朴素方是人间至美。浮华退却，繁缛清除，留下的只是平和安详，眼中所见也只是划过天空的飞鸟，除此之外，别无他物。

艺术的极致是返璞归真，做人又何尝不是如此？是以他为自己取别名：李婴。然而，一个"婴"字不足以表达其欣悦欢愉之意思，故而几日之后，他又在日记中写下"李欣"二字。一路走来，名字随着心境不断改变，喻示着他当下是怎样的状态，愿成为怎样的人。

返校之后，气温骤降，细雨变为落雪。他站在空旷的学校里，双手背后，微微抬首，任凭雪花袭满肩头。雪不是遮掩，而是清洗，他恍然间明白了自然界隐藏的深意。

慢慢走回居所，坐于桌前，借着天光将断食时的留影作为明信片，留影上端由闻玉题字："李息翁先生断食之像，侍子闻玉提。"下端则由李叔同亲自题写，署名为：欣欣道人。朋友收到此明信片后，无不为他奇异的行为而震惊。其实，惊讶归惊讶，倒也在情理之中，他是李叔同，向来是和旁人不一样的。

他简单收拾了行李，起程返回上海与雪子相聚。雪子仍穿着初来上海时那件羊毛呢长大衣，一只脚迈出门槛，复又停下，怔怔得竟不知该怎样迎接他。

她眼中盈满泪，却不知如何落下。不见他时，她独自面对这满墙的绘画，心中生疼；如今他就在眼前，疼痛之感却只增不减。或许，他只存在她的梦中，而这场梦，即刻便会醒。

他的话越来越少，只答不问。更多的时间，他用来读《庄子》《道德经》，只留给她一个决绝的背影。

身在此，心已在彼处，春节刚过，李叔同便收拾行李要走。雪子知晓留不住他，只是替他穿好夹棉的大衣，将行李箱递给他，就连什么时候再回，她都没有问。他愿意回来时，自然会回来；不愿回来时，一封信接一封信地催促，也无济于事。有些事问出口，只会徒增难堪罢了。

返校只是个幌子，他是要去虎跑寺静修。

命运的齿轮，悄然转动，开始绽出万丈光芒。

因为留恋，故而心生诸多烦恼。尘世孽缘，喧嚣熙攘，遗忘方可解脱。从前皆在获取，如今该一件件放下。失去的过程，内心轻盈无比。

"鄙人拟于数年之内，入山为佛弟子。现在已陆续结束一切。"民国六年（1917年）一月十八，李叔同在苍茫的午后，看着雾霭中的远山半遮半开，听着寺外潺潺的溪流，隐隐约约找到了灵魂的归属。取一张素色纸笺，蘸淡墨给留学日本的刘质平写下这封心意明朗的信。

在虎跑寺静留一个月之后，返回学校。与外界的交往越来越少，与自己内心的对话越来越多。课外教授丰子恺日文的工作，李叔同安排给了夏丏尊，平日的应酬也渐渐终止。必要的授课之余，他便躲在居所习字，研读佛典，或是步行至寺外听禅师说法。外面究竟太吵闹了，那里已经不是他的世界。

九月，落叶铺径，通往虎跑寺的婉曲小路，更添一份清幽的意境。布鞋踩在落叶上，沙沙作响，内心深处恍然觉醒。

在虎跑寺，听法轮禅师说法，像有一股甘洌之泉淌遍全身，透心清凉。归去之后，便净手、焚香，书写一对联语："永日视内典，深山多大年。"题记："余于观音诞生一日，生于章武李善人家，丁巳卅八。是日入大慈山，谒法轮禅师，说法竟夕，颇有感悟。"以"婴居士"落款。而后，赠给法轮长老。

焦虑与烦忧渐渐散去，前方仍有雾霭，但循着缥缈的呼唤之声前行，便能抵达他想要去的地方。他的心，从未像此刻这般坚定。

他所居住的房间变了模样。四壁的绘画揭下来，桌上放置的教书讲义与点名簿，换成了《普贤行愿品》《楞严经》《大乘起信论》等佛法经典。不仅如此，屋内还供奉着地藏菩萨与观世音菩萨，他每日都要烧香拜佛，无所求，只愿内心平和。

又是一年落雪时。

学校放年假，师生纷纷离校，热闹的校园又寂静下来，只剩他一人。行李已经收拾好，并非回上海过春节，而是独身前往虎跑寺习静度岁。船已停在岸边，彼岸已不是虚无缥缈的意念。

或许，冥冥之中自有天意。在虎跑寺，李叔同目睹了马一浮好友彭逊之剃度为僧的全过程，心生向往。两人皆是天涯飘零客，累了便投一处安静的场所，抚慰伤痕累累的心灵。

时机已到，缘分已定，他回望这茫茫尘寰，转身登上那艘等待起碇的船。

李叔同叩开楼上弘祥法师的门，表示愿心拜师。弘祥法师自觉资质不够，不敢贸然答应，便去松木场护国寺将师父了悟法师请来。

民国七年（1918年）正月十五，风寒，无雪。李叔同拜了悟法师为师，皈依三宝。

自今日始，李叔同焕然一新，法名演音，法号弘一法师。

那些执念，那些琐事，就散在风中吧。李叔同已死，眼前的弘一法师，无悲无喜。

远山衔着夕阳，群鸟飞过不留痕。心有所属，船已起程。

走向哪里？彼岸。

可有方向？心间。

随缘随喜

春花零星地开了,风也暖了起来。心中澄澈,眼中的世界也明朗洁净。

二月初五,是母亲的祭日。李叔同换上布鞋,穿着前不久请人做的海青,去虎跑寺诵了三天《地藏经》,早晚做两趟功课,为母亲回向。经文中的深意,在冥想中渐渐浮出水面。密密麻麻的字迹,说到底不过是"放下"二字,对于此,他已经领悟,只是真正做到还须修行。

入世太深,欲望太重,他已决定全身而退,眷恋只会辜负这尚好的光阴,以及那颗向往平静的心。

他已经等不到刘质平毕业,"不佞自知世寿不永,又无从始以来,罪业至深,故不得不赶紧发心修行"。他将写下的书信,折叠起来,寄给刘质平,随后便向学校递交了辞呈。心意已决,不愿再耽搁。

纵然心已趋往光明之地,俗事终究要安排妥帖,以免生了枝节。历年所有美术作品,送给北京国立美术专科学校;所刻所藏印章,送给西泠印社,后由该社封存于石壁之中,名为"印藏";笔砚碑帖,送给金石书画家周承德;所作所藏字幅、折扇、金表,送给夏丏尊,且将朱慧百、李苹香二妓所赠的诗画扇页,及赠歌郎金娃娃的诗词横幅,装成卷轴,自题《前尘影事》,一并交与夏丏尊妥存。

支出先前预留的三个月薪水,分为三份:一份连同剪下的一缕黄须,用纸包好,寄给昔日好友杨白民先生,让他在自己入山之后转交给雪子;一份连同呈文交给浙江省政府转北京内务部,以作开脱俗籍的印花费及手续费;一份留作入山寺受戒时的斋资。

一切都已准备就绪,最难的是告别。

"我明天入山,相聚今夕,实在难得。希望你们各自珍惜。"李叔同心中一片澄明,与丰子恺、叶天瑞、李增庸几位学生话别。

"老师何所为而出家乎?"学生不解,亦不舍。

"无所为。"他沉默良久。

"君固多情者,忍抛骨肉耶?"学生不甘。

"人世无常，如暴病而死，欲不抛又安可得？"他已决然前行。

是夜，寂静无声，点燃的菜油灯欲明将熄，李叔同铺纸研墨，吐纳精气，提笔为姜丹之母书写下长达五百四十九字的墓志铭，落款"大慈演音书"。写毕，他决绝地将毫笔折断，一阵风吹来，油灯熄灭。

人将去，楼将空，什么也不会剩下。折断的毫笔，半支残烛，以及那篇端放案几的《姜母强太夫人墓志铭》，是他曾经停留此处的印迹。

夏丏尊执意要送他，李叔同只是摇头，终须分别，送与不送又有什么差别。

丰子恺等几个学生以及闻玉，陪他走出学校，路过涌金门，经过净慈寺，一路向虎跑寺行去。小径清幽，不时有鸟鸣盈耳，心中再无牵挂。

转过几个弯，虎跑寺便出现在眼前。李叔同站定，从闻玉手中接过行李，换上僧衣、草鞋，独自向前走去。闻玉等人看着他翩然归去的背影，沉默不语。一片叶子落到他肩头，他顾不得拂去。

转眼就要立秋了。

天上的云，千变万化，没有固定的形状，也没有特定的居所，风起时，它们就换了姿态，也换了位置。

黄昏时，李叔同走出禅房，仰望空中飘浮的云层，欲要找出生命的真相，纵然他知晓万物的真相皆在心里。

夏丏尊要回老家照料生病的父亲，特来虎跑寺与他告别。

他穿着那袭深灰色的海青，头发许久不剪，已稍长，胡子也没有刮，只有双眼中散发着光彩。夏丏尊看着他脸上满是不动声色的神情，心中异常难受。

"先做一年居士，转年再行剃度。"这并非安慰老友，而是内心真切想法。有些事急不得，时机到了，自然就能成行。

"这样做居士，究竟不彻底，索性做了和尚，倒爽快。"夏丏尊嘴上这样说着，心中却希望李叔同回头。

缆绳已解开，船已起程，彼岸呼唤之声时时传来，又怎能回头？

李叔同听完老友之语，只是笑笑，并不争辩。送走夏丏尊后，暮色四合。远山升腾起朵朵云雾，缭绕弥漫，他站在原地久久地看着，心中有一个念头如胶片显影般越来越清晰。

旧历七月十三,大势至菩萨生日。僧人整齐地排列在寺庙正殿两侧,庄严肃穆。

香火升腾,钟声响起,了悟和尚与阿阇梨步入殿内,登坐佛像前的座位。

引请师引李叔同入殿,在佛像前及了悟和尚、阿阇梨座前作礼。

时机已到,他已做好准备,遗忘情事,斩断尘缘,潜心修行,接受劫难,寻求超脱。

为免节外生枝,他并未将出家之事告知亲友。是以辞亲仪规,便从略了。

发丝,纷纷扬扬落下。他闭上双目,心中杂念渐渐去除。

"我李叔同尽形寿,皈依佛,皈依法,皈依僧!"

"我李叔同尽形寿,皈依佛竟,皈依法竟,皈依僧竟!"

袈裟披身,眼前之人已成弘一法师。

报纸将消息传播至各地。

文熙将报纸递给俞氏,劝她带着孩子去寻他,让他迷途知返。俞氏知晓,李叔同决意做的事,谁也拦不住。文熙的劝告,权当是耳旁风,她的心在他提着行李迈出李家大门时,就已经死了。

杨白民将一个铜盒与一个信封,交到雪子手中。雪子含泪打开,铜盒中是一缕黄须,而信封中没有只言片语,唯有微薄的生活费。她不相信十二年的情缘,抵不过一个信仰。于是,她苦苦央请杨白民带她去杭州。红尘中还有她,他怎么舍得放下。

天阴沉沉的,将要落雨。西湖畔,两船缓慢相向而行。

"叔同……"雪子未语泪先流。

"叔同已死,请叫我弘一法师。"他看着湖心升起的薄雾,淡然而答。

"弘一法师,请告诉我,什么是爱。"一字一句,满含苦腔。她心有不甘。

"爱,就是慈悲。"他始终没有与她对视。雾气越来越浓,微雨落在他的脸颊。他调转船头,缓缓划去。她站在原地,静静看他消失在雾中。

她成了他尘缘中爱的绝笔。

雨越下越大,像是要将一切冲刷干净。

霜影之迹

先前走过的路,已然隐去;眼下修行的路,徐徐展开。纵然看不到尽头,终归有方向可循。

李叔同已然落发、染衣,还须受戒,方能算得正式的僧人。一切才刚刚开始,他走在另一重世界里,欣喜默然。身披袈裟,带少许行李,于结霜的清晨,步行前往灵隐寺。

林木耸秀,两峰挟峙,藏于深山,鸟鸣而幽,云烟万状,这便是李叔同将要受戒之地。他第一次踏进这座寺庙时,便觉似曾相识。心怀慈悲之心,眼中万物即有灵性,一山一石,一花一草,其实皆与自己有缘。寺中方丈对他格外客气,便将其住所安排在客堂之后的芸香楼里。心宽了,便觉生活中处处是恩惠,这是他新的领悟。

静坐之余,他便在迂回蜿蜒的小径中散步,步伐缓慢坚定,平和淡然。偶一日,恰与为他授戒的慧明法师相遇。

慧明法师穿着极不考究,僧衣上皆是密密麻麻的补丁,全然不似法师的样子。当他知晓李叔同特此前来受戒,且住在芸香楼中后,脸上的笑容瞬间则转换为严厉的神情。

"既是来受戒的,为何不进戒堂?虽然你在家时是读书人,但读书人就能这样随便吗?就是在家是一个皇帝,我也一样看待。"慧明法师说话直,点化得恰到好处。

受戒的第一张试卷,他答得并不完满,却也从中悟到了事无特殊的道理。道路远且长,行在水中央的船,还会遭遇风浪。

一个月后,慧明法师终肯为他开堂授具足戒。戒规严密烦琐,一条也不容许犯。欲望由此得以压制,心魔由此得以戒除,他成了一名真正的僧人。在修行中忏悔,在忏悔中释然,在释然中领悟,如是得以普度自身,而后普度众生。自此之后,红尘之中不再有李叔同,佛门之内多了一位弘一法师。

马一浮知晓弘一法师于灵隐寺受戒,便前来参加他的受戒仪式,并特意送给他明代蕅益大师的《灵峰毗尼事义要集》,以及清初见月律师的《宝华传戒正范》。精心研习之后，便生出严守与弘扬戒律的念头，且立下不当住持、不为他人剃度、不做依止师、不收入室弟子的誓愿。

山泉清澈甘甜，海浪簌簌退回沙滩，心无杂念，专注于自身，修行之路便不再漫长。

佛门之内是清净的世界，花开是喜，花落不悲；丛林茂盛心生欣悦，万木凋零不必心灰意懒。群鸟飞向黛青色山岩，夕阳隐入清澈的湖心，一切皆有轨迹，万物皆有归宿。只要在繁华中为心留一片真淳之地，于纷芜中安然自处，即能如寺外的那棵老树，触着流云和微风，每一天都在隐秘生长。

修行之路，并非是全然舍弃，而是坦然面对，不功利，无欲望。

"旧业可否重拾？"弘一法师心有结，便问嘉兴佛学会会长范古农。在受戒之后，弘一法师应范古农之请，赴嘉兴精严寺。在精严寺藏经阁内，他潜心于深微精妙的佛学世界中。然而，越是翻阅，心中的疑团便越大。

"若能以佛语书写，令人喜见，以种净因，这也是佛事，又有何妨？"范古农一语点透。

弘一法师在茫茫海中航行，猛然间像是瞥见一盏灯光。前方的呼唤声，比先前更清晰了一些。折断的毫笔，仍可再续；抛弃的书法，仍可再写。

于是，他研墨展纸，提笔而写："佛即是心心即佛，人能弘道道弘人。"白纸黑字，铅华洗尽，见字如见佛法，结善缘，种善因，亦是身心之修行。心中微风轻扫，拂去尘埃，弘一法师眼前忽地明亮起来。

时间从他翻阅经卷的指间划过，不留一丝痕迹。有聚即有散，聚时自当珍惜，散时不必挂念。两月有余，已是岁暮。雪落大地，苍茫一片。

弘一法师离开精严寺，提着行李，走进了玉泉寺，其好友程中和，以及玉泉居士吴建东亦停留于此。玉泉寺内有方池亩许，养鱼其中，弘一法师在写经念佛之余，常来此处观景。池中之鱼，看似自由，终究游不出这亩方塘。天空空旷无垠，游鱼也只能瞥见一角。然而，子非鱼，焉知鱼之乐，无论置身何处，应以坦然处之。路不在脚下，而在心间铺展。

起居时间，如戒律一般，他严格遵守。早食粥，午食斋，过午不食。他将自己埋在经卷之中，潜心研习。如见友人，句句不离佛语；如习字，笔笔不离佛书。这般苦行僧的生活，他并不觉枯燥，反倒觉得内心一日日清明起来，此前的尘埃渐渐拂拭干净。

残冬岁末，杨白民来玉泉寺探望他。屋内陈设简单至极，一张破旧的方桌，其上整齐堆放着今日诵读的经书，以及写下的佛联。屋子西北角则是一张窄窄的床榻，床上只是一条薄被，放置床头的衣服卷起来即是枕头。

杨白民看着心酸，却也不说什么，双手捂着茶杯取暖。弘一法师听他说起雪子的情况，不动声色，仿佛在听旁人的故事一样。

古人以除夕当死日。盖一岁尽处，犹一生尽处。昔黄檗禅师云：豫先若不打辙，腊月三十日到来，管取你脚忙手乱。然则正月初一便理会除夕事不为早；初识人事时便理会死日事不为早。那堪荏荏苒苒，悠悠扬扬，不觉少而壮，壮而老，老而死；况更有不及壮且老者，岂不重可哀哉？故须将除夕无常，时时警惕，自誓自要，不可依旧蹉跎去也。

余与白民交垂二十年，今岁余出家修梵行，白民犹沉溺尘网。岁将暮，白民来杭州，访余于玉泉寄庐，话旧至欢。为书训言二纸贻之，余愿与白民共勉之也。

戊午除夕雪窗大慈演音

窗外大雪纷纷扬扬，弘一法师研墨，借着雪之微光，写下如是字句。双脚踏入空门，心灵如雪轻盈，从前那个自己，渐渐隐退在雾中，不见踪影。

菩提树下

天气一天天暖起来，湖中结下的薄薄的冰，渐渐融化。野鸭轻游，划出层层涟漪。片刻之后，波纹渐微，水面复又平静。时间终能平复一切，如同海水能覆盖所有的凹陷，只要耐心等待。

三月杭州，正值柳暗花明。弘一法师在那所接见杨白民的简陋居室内，又会见了即将调职武昌前来话别的金兰好友袁希濂。曾经的天涯之友，如今四散天涯，再聚首时，全然没了那份纯粹如水的心境。

一人是僧衣，一人是官服，隔着破旧的木桌，相对而坐。袁希濂话语并不多，不过是声声叹息，弘一法师则静静等着茶叶在杯中展开、回旋。房门开着，回廊上的游人不时从门前走过，弘一法师始终没有向外看一眼。许久之后，全然展开的茶叶沉在杯底，弘一法师端起茶杯啜了一口。

"你前生也是一个和尚，希望你能在朝夕之间，多念经读佛。"弘一法师的口吻，并不像是玩笑。临别之时，他还向友人推荐印光大师刻印的《安士全书》，是为清朝人周梦颜所作，佛理阐释得极为精准彻底。

自己脱离了尘网，便也劝周遭之人尽早觉悟，以免误入歧途，寻不到渡到彼岸的路径。然而，两人已在不同的世界里，贪恋红尘之人又怎可舍得放下？旁人的劝告终究隔了一层，唯有自己领悟，方可看清这混沌的江湖终究是虚幻。

袁希濂走出玉泉寺时，并没有回头，心中想着此次相聚倒不如不聚，聚了反而与昔日好友有了隔阂。然而，弘一法师推荐的那本《安士全书》却始终萦绕在他心中。许是因缘巧合，多年之后，袁希濂于丹阳县任职时，偶得此书。读罢，恍然觉得学佛之事不可耽搁，于是在公署内设立佛堂，每日清晨念佛跪诵，随后便皈依于印光大师门下。

人与佛有缘，即便涉世甚深，时机到时，亦能明晓心之所向。

每一条路，都用脚步丈量；每一寸光阴，都用身心细细体会。胸中荡着清气，眼中满是安详。

玉泉寺景致虽好，终因游人过多，好似闹市一般。弘一法师收拾行李，决定回虎跑寺过出家之后第一个结夏期。此期为旧历四月十五日至七月十五，僧人不云游，只可在禅寺之内静心休养。

唱赞颂，是结夏期中的日课。在华德禅师那里，与众僧一起唱赞颂，弘一法师再一次领悟了音乐的美好。此前他以为，抛却的艺术中，唯有书法可再续，如今唱响那缥缈的赞颂时，他明白有声的音乐，亦可净化心灵。梵经在五线谱上流淌时，他恍然记起了父亲去世时，屋内响起的梵音，空明、洞彻、流畅，像是一场灵魂的洗礼，像是一次轮回。

唱诵之余，弘一法师着手将众僧手录的音韵偈赞，加以整理完备，剪辑装订成一册《赞颂辑要》。弁言有云："歌唱颂歌，其利益甚多：一能知佛德深远，二体制文之次第，三令舌根清净，四得胸藏开通，五处众不惶，六长命无病。"

在读与唱中，经书要义渐渐浮出水面，他听着越来越响的蝉鸣，看着变幻出千万种姿态的流云，仿佛正走入忘我的空明之境。

妄念舍去，真心常驻，是为修行之法。

流水涓涓而流，树叶飒飒而响，自然之声并非入了耳，而是入了心。

结夏期在一个无风的黄昏结束。收拾行李，弘一法师还是要去寻安静的住处，潜心修行。

秋风起时，他又移居灵隐寺。居无定所，心有所依。

旧历十二月八日，正值释迦牟尼佛成道之日，弘一法师与程中和、吴建东居士共燃臂香，依天亲菩萨《菩提心论》发十大正愿，以此表明自己潜心修行净业之决心。血肉之躯在香炷的燃烧中，散发着疼痛。在疼痛之中，弘一法师心意更为坚定。这条路途，亦如红尘之路那样山重水复，并非想象中那样平坦，而他甘愿承受一切苦楚。

冬季过后，浙江一师的学生楼秋宾来访。弘一法师拿出去年冬天剩下的陈茶，为学生沏好，自己则饮一杯清水。楼秋宾家住富春江畔的新城，境内有贝山。登上此山，可眺望汹涌澎湃的钱塘江。山下即是幽谷，深不见底。山腰中有清泉流淌，泉水香而醴。八月至翌年四月，山顶积雪盈尺，久不融解。

回廊之中，与往常一样，时有游人经过，或向内探看，或嬉笑叫嚷，弘一法师早已习惯，并不去理会。"贝山环境清幽，可开辟出一块山地，供老师筑室掩关。"楼秋宾于心不忍，想为老师做一点事情。

假如真是如此，倒是极佳的去处，弘一法师心生向往。

只是土木之事，佛界中人极为重视，何时动身前行，弘一法师须等待因缘。

旧历六月，无风，炎热，唯有寺外流淌的清泉带来些许清凉。于虎跑下院，众友于接引庵治面设斋，为弘一法师饯行。马一浮赋诗七律两首，题为《弘一法师上座将掩室新登贝山夐绝处，以此赠别，且申赞喜》，并题写"旭光室"一额。

"来日茫茫，未知何时再面？"弘一法师手书"珍重"二字赠别夏丏尊，转身之际向众人说着。未曾难过，只觉人世聚散无常。

临行之时，程中和居士决心同往，跟随弘一法师修行。于是，在弘一法师的介绍下，他皈依于了悟和尚门下，法名演义，法号弘伞。

钱塘之水悠悠不尽，又一次起程。站于岸边的朋友看着弘一法师孤绝的身影，不胜唏嘘。而站于船头的他，并未回头。那一刻，他的心中，是否有过不舍，哪怕这不舍只有一分。

弘一法师与弘伞到达贝山之后，暂住于楼秋宾家中。起居时间没有随居所而改变，仍旧是早食粥，午食一碗米饭，少许青菜或豆腐，不含丁点荤腥。其余时间，他则用来研习《律藏》《四分律删繁补阙行事钞》《四分律含注戒本疏》《四分律随机羯磨疏》。对其进行归纳总结之后，开始起草《四分律比丘戒相表记》。

筑室还在进行中，可灯火阑珊时，他心中总是不安宁。起初，这种感受只是若有若无，隐隐约约，而后越来越强烈，竟扰得他无法安睡。

秋风渐起，天气转凉，一场暴雨将那间居室冲垮。

这里不是他的归宿，命运许他云游四方。

第七章　莲花：唯愿灵光普万方

佛前青灯

披一袭袈裟，弘一法师又开始在云雾中穿行。寻找一处静谧的场所以容身，也寻找一番悠然的心境以修行。

天空清明如许，鸟群飞过不留痕迹，莲花在风中含笑，湖水荡起一层涟漪。弘一法师写完一幅字，便与弘伞沿富春江而下，挂单于衢州城北的莲花古寺。

风不定，花落满径，人心微动，是欲望萌生。每当此时，弘一法师便研磨习字。弘伞叩响门扉，经允许后，推门而进，要帮着研墨。弘一法师默然拒绝，一切都要身体力行。看着墨一圈圈晕开，仿佛是一次次轮回，心中回旋的风渐渐变小，他提笔在展开的纸上写下一卷卷《阿含经》，直至心中的风全然平息。这近乎执拗的认真，让他的视力渐渐模糊。

有人之地，喧嚣不止，无处可避。各界人士涌进禅寺，请求弘一法师赐字。江湖有江湖的规矩，佛法有佛法的戒律，纵然他的视力越来越模糊，心却如黎明之光，越来越明。对于官府人士，他断然不见，而对于天真之孩童，他则不惜赐楹联，且为之亲笔题写跋语。心有明灯，所作所为即趋向光亮。

细雨过后，秋意渐浓，落叶铺了一地，荷叶漂浮水中。伤春悲秋大可不必，此是自然的规律，遵循便好，弘一法师临窗而立，望着天际流云，自由漂浮。

彼时的衢州中学教员、曾经的南社成员尤墨君，前来拜访。弘一法师为他泡制陈茶，听对方讲起南社以前的故事，恍如隔世。不动心，不动情，安于当下，即是他此刻最自然的姿态。几次来往之后，尤墨君提出将弘一法师出家之前的文章编辑成册，以"息霜"之别署，取名为《息霜录》。前尘往事，既已存在，回避无益，唯有坦然对待，因而弘一法师于此并不反对。只是，他不愿收录绮丽之词，亦不愿刊印情事之诗，选来选去，竟然没有几篇可入他的眼，此事也便作罢。

　　薄雪覆盖窗台，又是一年将尽时。莲花寺不是弘一法师的归宿，他还要去找寻静心休养之地。

　　临行前，他将出家以前所写的《大乘戒经》以及几篇近作赠予尤墨君。尤墨君展开经卷，其中不见花哨的字体，唯有蝇头小楷整齐排列。每一笔字都是对佛法的敬畏，都是对淡然宁静之境的探寻追索。

　　尤墨君抬起头望着弘一法师乘舟远去的方向，却只窥见一个翩然而归的僧人背影。

　　行舟划开水波，寒风侵进衣袖，水路辗转之后，弘一法师又来至玉泉寺。

　　《四分律比丘戒相表记》虽已动笔，却因戒相繁杂，不易整理，进展极为缓慢。再加上杭州之地故交甚多，应酬之事不断，无法"息心办道"，弘一法师虽暂时驻锡玉泉寺，仍未有常驻之意。

　　恰此时曾经南洋公学的同学林同庄来玉泉寺探访他，向他提起永嘉之地四季温润如春，环境清净幽然，又有一所庆福寺掩映林中，甚是清雅，自是掩关静修的好去处。弘一法师听后，心生向往。

　　经友人多方联络之后，弘一法师简单收拾了行李，又踏上寻觅清净之所的路。

　　烟花三月，河岸两畔杨柳低垂，落英缤纷。弘一法师心中有佛，眼中所见皆有灵性，心无旁骛，只是默然欢喜。

　　永嘉大南门外，赫然耸立着飞霞山。飞霞山下有一深不见底之洞，是为飞霞洞。山洞面前，便是庆福寺。此寺背靠苍翠之山，前绕清澈之河，云雾缭绕，碧树生烟，弘一法师未进古寺，便已喜欢上了这里。纵然寺内因年久失修，房舍破旧，但弘一法师极爱这里的清幽。

住持寂山长老扫出三间客房安排弘一法师与随行的弘伞，以及前不久在玉泉寺剃度的宽愿住下。弘一法师房间的陈设一如既往地简单，一张破旧的木桌，一张简易的木床，一条草席和一领旧蚊帐即是全部；一年四季身上也只有一件单薄僧衣，可谓简朴之至。

"吾今日起，掩关永嘉庆福寺，请印光示弟子，如何感通？"弘一法师一字一句写得极为虔诚。

"心未一而切求感通，即此求感通之心，便是修道第一大障。"印光大师回复的信中，是责备，亦是叮嘱。

心静，风则定；心未一，水波起。李叔同起身关上门窗，铺开一张素纸，如是写下：

余初始出家，未有所解，急宜息诸缘务，先办己躬下事。为约三章，敬告同人。

一、凡有旧友新识来访问者，暂缓接见。

二、凡以写字作文等事相属者，暂缓动笔。

三、凡以介绍请托及诸事相属者，暂缓承应。

惟冀同人共相体察。失礼之罪，希鉴亮焉！

释弘一谨白

夜深阑珊之际，琉璃灯散着微光，他跪在佛像前自问，是否还存欲心，是否已经彻悟。水滴进湖心，销声匿迹；叩问无果，还要修行。

家书与友人之信，仍会涌进庆福寺。寂山长老受弘一法师委托，便于信封背面写上"该人业已他往"字样，原封不动地退还。

不挂念，不眷恋，排除一切杂念，向死而生，潜心修行。一日清晨，弘一法师执笔写下"虽存犹殁"四字，贴于正对院门的窗口之上。既然心已皈依佛门，又有什么不可放下，家人已抛，朋友已弃，心无杂念，却比任何时候都丰满。

夏至，蝉鸣愈响，碧树愈翠。梅雨如织，青石板路生了薄薄一层苔藓。

弘一法师打开窗，伸出手去接房瓦上滴落下来的雨。雨滴落在掌心，稍留片刻，又从指缝间流逝至尽。一切都是无法挽留的，只得顺其自然。经过三个月的闭关静修，弘一法师对此领悟得更为透彻。

木桌上的纸稿已是厚厚一摞，《四分律比丘戒相表记》初稿已经写好，依旧是由蝇头小楷写成，其间用朱笔点断，句读分明。窗外淅淅沥沥的雨，不知何时停息。弘一法师复回桌前，蘸墨于空白页中写下自序："三月来永宁，居城下寮。读律之暇，时缀毫露。逮至六月，草本始讫，题曰《四分律比丘戒相表记》。数年以来，困学忧悴，因是遂获一隙之明，窃自幸矣。"

晨昏暮晓，轮回往复。路没有终点，这只是一个开始。

灵魂皈依

万物无定，云可升腾成千万种姿态，岿然不动之山亦是如此。近看时，山色为青；走远一些，青则转浓，变为墨绿；及至遥望时，唯见靛蓝涌动。

弘一法师在窗前，看寺外青山如黛，听水声激荡如钟，内心有一扇门吱呀一声，悄然开启。曙光渗进其中，像是禅慈悲的馈赠。

晨晓，寺内幽静如许。弘一法师穿过曲径，向寂山长老房中走去，途中遇见几个僧人清扫寺院，笤帚划在地上有着沙哑的声响。叩响寂山长老的房门，弘一法师从袖中抽出一份启示，要拜寂山长老为师。

弘一法师昨日在念佛时，忽然想到佛家的规矩：云水僧在一个寺院中住下，依律要拜寺主为"依止阿阇梨"，即依止师。规矩不可破，行止依从律，弘一法师始终践行着这个原则。

"余德鲜薄，何敢为仁者师啊。"寂山长老不禁愕然。

"吾以永嘉为第二故乡，庆福寺作第二常住，俾可安心办道，幸勿终弃。"弘一法师言行虔诚而谦卑。

寂山长老不是不愿，而是自觉才学德行皆不及弘一法师，是以再三辞谢，不敢轻率应允。

弘一法师自遁入空门，已经全然抹去富家公子的痕迹，唯有认真的姿态，始终不改。修行未完，怎可越矩，于是，第二日，他拿着一方毡子，并邀来周孟由、吴璧华两位居士，再次叩响寂山长老的门扉。

弘一法师郑重地将毡子铺在上座之上，恭请寂山长老入座，接受拜师之礼。寂山长老一如既往，百般推脱，始终不肯就座。弘一法师心意已决，无可更改，便向着空座位顶礼三拜。几日之后，弘一法师在报上发表一则声明，表示已拜庆福寺住持寂山长老为师。自此之后，弘一法师致信寂山长老，皆以"师父大人"尊称。即便寂山长老几次去信，说明内心之不安，弘一法师始终不改初衷，自称弟子。

三年之后，寂山长老再次请求弘一法师勿再以"弟子"自称，弘一法师则提笔写下一封心意至诚至笃的回信："弟子以师礼事慈座，已将三载，何可忽尔变异？伏乞慈悲摄受，允列门墙。"

寂山长老展信之后，许久未言，眼中似有泪意。关房之外新栽的那棵小树已开枝散叶，几声鸟鸣更显寺中之幽。寂山长老将信折叠好，压于佛经之下，香雾袅袅攀上，他心中已经释然。日后弘一法师再以"师父"相称时，他终于不再推辞。

天气时晴时雨，月时盈时缺。所有的路，都要走遍，才能领悟经书所言。

七月，酷暑，永嘉多日狂风暴雨，居所内寒潮甚重。弘一法师竟然患上了父亲当年的老病——痢疾。起初不过偶感肠胃不适，心中并未在意，仍是早食粥后，或是礼佛诵经，或是研习戒律。

命中有劫，无可躲避。不承想，这病症竟一日日加重，以至于卧床不起。除却在床上念阿弥陀佛，再无力做其他事。木桌上那本刚刚成型的《四分律比丘戒相表记》，也只得暂时中止。寻医问药多日仍不见起色，想到父亲当年便是因此丧命，他不再挣扎，而是使力打坐。

窗外电闪雷鸣，风雨大作，像是要将一切都洗劫。寂山长老冒雨前来探望，看到弘一法师不消几日便瘦了一圈，面有忧色。

"小病从医,大病从死。今是大病,从他死好。"弘一法师嘴唇已然泛白。

"唯求尊师,俟吾临终时,将房门扃锁,请数师助念佛号,气断逾六时后,即以所卧被褥缠裹,送投江心,结水族缘。"弘一法师做了最后的交代。他仿佛看见另一个世界的大门,正徐徐拉开。门内折射出来的光异常亮,弘一法师看不清那里面是怎样的一片光景。

寂山长老听闻弘一法师遗言,不禁失声痛哭。生死原是命中注定,不可更改,不可违背。出家人不动心、不动情,面对生死之事合该淡然自处。然而,僧人亦是人,即便不动情,心中也有情,弟子将逝,如何自持?

弘一法师闭目回首一生,恣意纵情时有之,意气风发时有之,心意淡然时亦有之。欠下的情债在踏进寺院时,便已无法偿还;未遂的艺术理想,只得扬在风中。狂风扫窗,雨敲门扉,弘一法师听着自然之声,心中唯有佛法,寂静安然。如若路已走至尽头,遗憾不必重提,只管坦然接受。另一个世界的光,足够照亮他素净的面容。

寂山长老脸上的泪痕未干,弘一法师示意他回去。

屋内只留下他一人,雨始终未停。黄昏来临,室内没有电灯。雷电不时在天际炸响,一闪即过的光从弘一法师脸上划过,像是某种不可寓言的启示。

弘一法师缓缓睁开眼睛,追寻着那束光,一遍遍拷问自己的内心:修行是否完结?心结是否解开?灵魂是否顿悟?狂风掠过,树叶飒飒作响。弘一法师躺在床上,无法正面回答拷问。

在风雨交织的夜中,他沉沉睡去。或许他不再醒来,或许醒来之时,他已重生。

曙光透过窗子,照射到弘一法师脸上。他缓缓睁开双眼,恍然间不知自己身在何处,亦不知自己是生是死。

掀开盖在身上的薄被,弘一法师弯腰穿上僧鞋,站起身来。《四分律比丘戒相表记》仍放置在木桌右上角,左上角是几本佛书,旁侧是日常所用的笔砚及素纸。弘一法师因消瘦而干枯的双手,轻轻摩挲它们。一切都是佛恩,一切都是天意,他抬起头望向窗外。经雨洗过的树叶,更加青翠,阳光穿过其中,投下一个婆娑的树影。

弘一法师迈出门槛,走在干净的曲径上,内心轻盈无比。对于万物,他报以感念;对于生命,他心怀敬意;对于佛法,他知晓道路漫长。

清风徐来,吹起他袈裟一角。他顾不得将其展平,脸上满是笑意。

对岸有望抵达,只要潜心而往。

行无定踪

民国十二年(1923年),春日,庆福寺,冬眠的树木抽出嫩芽,微风催开几朵紫色小花。

弘一法师两年的掩关生活至此结束,期间未曾接见旧友新识,未曾拆开任何信函。历经那场生死,弘一法师对生命有了更深的领悟。

前路悠远漫长,这里不是终点,他还要动身去寻找。

走出庆福寺,他回首望这座寺院,赭红色的大门在阳光的照射下泛着斑驳的光泽,寺后山色如黛,仿佛万物都一如当初,可一切都在变化着。

舟在水中行,留下一道长长的水波。空中一只鸟迅疾而过,落下几声啼鸣。弘一法师手持锡杖,临风而立,默然不语。世界千姿万态,他在修行之后渐渐只看到一种形态——静。

上海,曾经安放过他的艺术梦想,寄存过他不问结局的爱情,也寄存过等了他六年却只等来一封空信笺和一缕黄须的雪子。再次踏入这座城市,弘一法师心静如水,一笑付之。那些前尘往事,已经消散在风中,又何必心心念念,徒增烦恼。在弘伞的陪伴下,弘一法师暂时挂单于沪北太平寺。

老友穆藕初此时已是上海有名的实业家,以实业救国是他一直以来的主张。前些年听闻弘一法师出家,心中便极不认同,及至今日仍是无法顿开。得知弘一法师回到上海,穆藕初便放下繁忙事务,起身前来拜访。

两人相见,穆藕初见弘一法师身披袈裟,目光炯炯,气象万千,心中竟有些拘束。弘一法师手持瓷壶,为好友添茶。茶香袅袅飘升,林中传来几声鸟鸣。

"近日翻阅，见书中对佛教颇有诋毁。"穆藕初终于鼓起勇气，说出内心的忧虑与疑团。继而他端起茶杯，啜了一口茶，仿佛是在斟酌字句。"佛教是出世的，而我国衰败至此，非全力支持，恐国将不国，恕我直言，我不甚赞成出世的佛教，不知弘公将何以教之？"穆藕初断断续续说完，松了一口气。

弘一法师并不急着回答，而是站起身来走至窗边。寺院小径蜿蜒而去，树底一棵小草破土而出，风过竹林飒飒而响。而后，他转过身来，眼中满是自然的光彩。

"居士之所见，属于自利的小乘一派。出家人并非属于消极一派，试看菩萨四宏愿便知。众生无边誓愿度，烦恼无尽誓愿断，法门无量誓愿学，佛道无上誓愿成。一切新学菩萨，息息以此自励，念念利济众生。"弘一法师不紧不慢地作答。

在太平寺静心修行期间，弘一法师与尤惜阴居士合作撰写了《印造佛像之功德》。这篇文章，由弘一法师详细提示纲要，由尤惜阴居士具体演绎撰就。翌年，此稿便附刊于商务印书馆印行的《印光法师文钞》第四卷，是弘一法师最早面世的一部重要佛学著作。

天空明净如洗，心中杂念戒除，眼中一景一物，皆是上苍的恩惠。

路渐渐从脚下延展到心中。

路过灵隐寺，走过莲花寺，一路路走走停停，在落雪将来时，弘一法师又回到永嘉庆福寺。

门吱呀一声被推开，弘一法师走进格局未曾改变的关房，又要开始一段新的掩关历程。寂山长老受托，仍是将亲友寄来的书信，在背面写上"该人业已他往"字样，而后原封退回。

空谷幽涧，佳蕙生焉。晨晓清气入鼻，黄昏梵音响起，弘一法师心中是淡淡的欢喜，仿佛已入永生之境，不知今夕何夕。

修行即是修心，虔诚谦卑是通往清净之界的佳境。弘一法师在执笔抄写经书时，忽然萌生了刺血写经的念头。在前人中，弘一法师尊崇净土宗第九代祖蕅益大师；于当世人中，弘一法师尊崇普陀法雨寺常修的印光法师。是以每有困惑，弘一法师皆要致信印光法师，以求指点。

弘一法师郑重铺纸研墨，将刺血写经的心愿写进信中，托人交给印光大师。

朝曦入檐，沉寒在袖。雪落窗台，小径留下几行脚印。弘一法师闭目念佛，静心等待印光法师的开示。

几日之后，寂山长老将印光法师的信函交到弘一法师手中。净手、焚香、礼拜，而后弘一法师庄严地展开信笺：

"座下勇猛精进，为人所难能。又欲刺血写经，可谓重法轻身，必得大遂所愿矣。虽然，光愿座下先专志修念佛三昧，待其有得，然后行此法事。倘最初即行此行，或空血污神弱，难为进趋耳。"印光法师的信中，是肯定，更是劝谏。

路要一步步走，冬天过后才是春，万物皆有秩序，不可违背，只得遵循。印光法师的点拨，终使弘一法师急切的修行心情，渐渐平息下来。

黄昏之时，紫霞映天，流云向晚，群鸟振翅而飞，三三两两归巢，在空中舞出轻盈的姿态。

弘一法师落笔，苦心经营和反复修改的《四分律比丘戒相表记》终于定稿。夕阳的余晖，淡淡地流注在窗棂上，洒进去一缕橘色的光芒。天地澄澈，风烟俱净，一切都清明至极，弘一法师心中欣喜莫名。走出房门，夕阳渐入山中，寺前流水泠泠作响，清风吹入心怀。

走在林中蜿蜒的小径上，弘一法师的脚步甚为轻盈。佛家有"三无漏学"：戒、定、慧。由戒生定，由定生慧，而以戒为首。想到此，弘一法师又折回房中，研墨执笔，预立遗嘱："本衲身后，无庸建塔及其他功德，只乞募资重印此书，以广流传，于愿已足。"著述不为留笔迹于世，只为广利众生。

早些年，弘一法师便致信印光法师，期盼能入印光法师弟子之列，而印光法师或是婉拒，或是默不回信。世间之事皆要讲求缘分，因缘未到，强求亦无果。

又是一年岁末，临近除夕时，弘一法师第三次致信印光法师。海浪拍岸，岸以声回应；花开空谷，空谷散出芬芳，命运自有安排，一切都走在与你相逢的路上，弘一法师终名列印光法师弟子之列。

春暖花开，弘一法师自知生命又进入另一重境界。

普陀圣光

暮春的浙江，清早之时，清风盈袖，还是感觉有些寒意。

弘一法师手持锡杖，背着少许衣物，登上普陀山，进入法雨寺。行踪不定，心有归属。弘一法师辗转多年，渐渐明白，僧途即是道场，佛法即在心间。

普陀山隶属舟山群岛，山上有白华、银屏、象王诸峰，连绵起伏，绿涛如潮。岛屿周围金沙绵延，白浪环绕，渔帆点点。法雨寺即坐落山上，以山林掩映。置身寺中，不闻嘈杂之声，但闻梵音与涛声相合。

弘一法师将单薄行李放下，未等休息片刻，便来至印光法师关房叩拜。

门敞开着，印光大师正用一把破帚扫地，风烛残年之际，他仍事事躬亲，身边不用任何侍者。关房陈设简单至极，一张旧床，一张木桌，桌上放置几部经书，及笔墨素纸。弘一法师正要伏地叩拜，印光法师挥挥手，示意他不必拘礼。弘一法师仍是双手合十，向恩师深深鞠躬，以表谢意。礼毕，弘一法师欲拿过恩师手中的笤帚，印光法师委婉拒绝。

扫完地后，印光法师将笤帚放置墙角，拿起一块破旧抹布将桌子擦拭干净。挪动经书与砚台时，动作缓慢而郑重，而后又一一放回原地。弘一法师站立一旁，默然不语，只是静静看着恩师的一举一动，并将其记在心里。

继而，印光法师又将油灯的玻璃罩抹净，动作利索，毫无拖泥带水之感。稍后，他拿出一件补着诸多大大小小补丁的单衣，放在盆中清洗。盆内之水，从无溅出一滴。

有僧人从门外走过，印光法师从不抬头看一眼。他始终专注当下之事，像是空谷幽兰，纷纷开且落；又像是深潭之水，不起一丝波澜。雨湿窗台，印光法师并不将晾在外面的衣服拿进来。顺其自然，他说。

夕阳隐入山后，天色渐浓如墨，弘一法师走出印光法师的关房。

小径曲折回环，两侧草木茂盛。印光法师并没有和他多说什么，而他心中好似升起一轮明月，银辉遍洒，通透异常。

晨晓，鸟鸣盈耳，弘一法师跟随印光法师用斋。

一大碗粥，无菜。"初至普陀时，晨食有咸菜，因北方人吃不惯，便改为仅食白粥，如今已三十余年。"印光法师自云。

食毕，他将碗中剩余米粒舔舐干净，后以开水注入碗中，稍稍晃两下，以之漱口，旋即咽下。弘一法师看后，并不言语，只是默默照做，心中饱满而丰盈。

午斋用食程序与早斋无异，印光法师见一僧人碗中还剩些许米粒便起身离开，当即缓缓而言："汝有多么大的福气？竟如此糟蹋！"

心有曙光，路途自现；专注当下，心无旁骛；以身示法，胜过闲谈。

弘一法师心中笼罩的烟云，渐渐散开。

朝来暮往，短短七日，世界与心境都不同以往。

弘一法师站在山下，抬头仰望。寺院掩映林间，露出飞起的一檐。烟雾弥漫缭绕，浮云静静游走，悠长的钟声在心间响起。弘一法师回过头，缓缓离去，仿佛每一步都是一场轮回。

海边涛声回荡，行人熙熙攘攘，弘一法师默不作声，登船而往。他原本想去南京，再前往九华山，参观地藏王菩萨圣地。船到宁波之后，他便听闻浙江战事正吃紧，水陆几乎不通，只得在宁波下船，暂时于七塔寺云水堂挂单。

云水堂内并不大，上下两层的床铺挤满了云游僧侣。弘一法师见下层最里面的床铺还空着，便默默走过去，将行李放在上面。天气有些闷热，即便有风刮进来，拂过脸颊时，也早已失了清爽。弘一法师并不在意，只是从破旧的行李中拿出一本经书，默默念诵。

夏丏尊恰在宁波第四中学兼课，得知弘一法师暂住云水堂后，便前来看望。

"这里太过嘈杂，还是去白马湖住吧。"夏丏尊看不得弘一法师受委屈，语气极为坚决。弘一法师并不觉得在此处有任何不适，却不愿拂了好友的心意，只好随夏丏尊来至白马湖。

房间收拾好后，夏丏尊看着弘一法师将行李中的衣物拿出来，破旧的席子内包裹着一件单薄的被褥，两件穿旧的僧衣。他有条不紊地将席子铺在床上，再将衣服卷起来当作枕头。夏丏尊看了，眼中似有泪意，心中极为不忍。

好友知晓弘一法师始终严守过午不食的戒律，便在午时前将一碗米饭，两碗素菜送到弘一法师面前。一碗是青菜，一碗是萝卜，不带油星，弘一法师却吃得极为满足。尊重四时节气，对万物报以敬畏之心，这已是弘一法师最自然的状态。

第三日，夏丏尊仍将饭菜送至弘一法师住处，仍是一碗米饭两碗素菜。弘一法师并不动筷子，向夏丏尊直言出家人不该吃这么丰盛的饭菜，于是只将米饭与其中一碗菜吃干净，剩下的则坚持退回去。

"乞食是出家人的本分，以后不必再送饭，可以自己去吃。"弘一法师声音不大，却说得坚定。夏丏尊心有不忍，说那就逢下雨天时再送。

"我有木屐哩。"弘一法师边用一条已经变黑的毛巾擦脸，一边说，言谈中皆是满足。

生活的真味是什么，是美味佳肴，还是欢愉欣悦？艺术的真谛寄存在哪里，是在风雅的诗画中，还是日常的言行举止间？

日后回想起这次短暂的相聚，夏丏尊仍心有戚戚："人家说他在受苦，我却要说他是享乐。我当见他吃萝卜白菜时那种愉悦安宁的光景，我想：萝卜白菜的全滋味、真滋味，怕要算他才能如实尝得的了。对于一切事物，不为因袭的成见所束缚，都还他一个本来面目，如实观照领略，这才是真解脱，真享乐。"

起程不择时，弘一法师背着简单的行囊越走越远，夏丏尊因不舍而轻声唤他，他始终未回头，只留给对方一个清癯的背影。

秋山几重

民国十五年（1926年），旧历十月，秋风寒，枫叶落。

弘一法师云游之后，再回永嘉庆福寺。寺前水声激越，寺后群鸟归山。弘一法师走进关房，屋内因许久不扫，浅浅地落了一层灰。他轻轻擦拭，尘埃泛起，迷了他的眼睛。

刚刚尚且晴朗的天，不消片刻便漫上一层乌云。恰在此时，寂山长老叩响弘一法师的门扉，表情凝重地交给他一封家书。平日里，但凡有天津的书信寄来，寂山长老总是按照弘一法师的嘱托退回去，因而弘一法师看到他手中的书信时，已然感知这封信的不同寻常。

寂山长老将信送到之后便转身离开，外面已经开始落雨，雨滴在青石小径上溅起朵朵水花。弘一法师拆开信，白纸黑字写的是妻子俞氏久病不治，已于前几日谢世的消息。

伴着几声轻雷，雨越下越大。弘一法师放下信笺，望向窗外，寺院中已是烟雨朦胧。恍惚间，他好似回到那一年的洞房花烛夜。那时他还是李叔同，穿着绸缎红袍，胸前戴着红花，有些颤抖地掀开眼前女子的盖头。

"你多大？"彼时的李叔同有些失望，因新娘不是他钟爱的姑娘。

"属虎，比相公虚长两岁。"俞氏眼波流转，低眉含笑。

时光流转，俞氏终究在静默中离开这个世界，而他已是遁入空门，潜心修行的弘一法师。世间最是离别让人黯然销魂，弘一法师当年毅然出家，不正是为了将这些爱恨情仇，纷扰喧嚣全都放下吗？数十载，他以青灯为伴，于佛经中云游，不问世事，可今日他再次自问，灵魂是否已经超脱？内心是否已经顿悟？屋内岑寂无声，窗外唯有雨敲打窗台。

一阵寒风吹进关房，险些将放置于木桌上的信笺吹走。弘一法师急忙抬起左手，将飘在半空中的纸页攥在手中。那一刻，他泄露了自己的慌张，不禁暗自懊恼起来。

风雨不定，心亦摇曳，弘一法师只好将书信压在砚台之下，而后跪拜在佛像面前，开始诵经。每诵五句，便稍作停顿，并摘一颗佛珠。许久之后，雨声渐小，天空愈明，弘一法师的心也静下来。于是，他执笔给寂山长老写信，告知他自己要回天津一趟，但由于外面战事正紧，变乱未宁，只得将归期延后。稍后，他又穿过干净的青石小路，行至吴壁华居士的关房，请他授了几种神咒，并在关中设灵，为俞氏念了几天《地藏菩萨本愿经》。

晨昏暮晓次第转换，他始终没有动身去天津。寺外纷乱的战事，不过是托词罢了。是不敢面对,还是不愿再惹尘埃,夜深阑珊之际,弘一法师也曾问过自己,但烛火明灭,始终无果。

  菩提本无树,明镜亦非台。
  本来无一物,何处惹尘埃。

  路途太过漫长,自身与彼岸的距离,好似一直不曾拉近。
  几度春去秋来,几度花开花落,岁月在尘世转了数次轮回。杨柳抽芽时,弘一法师又给庆福寺留下一个清瘦的背影。
  在杭州,弘一法师暂时挂单于招贤寺。
  江湾过街楼里,有一座颇有古意的小楼。墙壁四周种着不知名的花草,一到春日,就恣意疯长起来。清晨的阳光并不强烈,穿过带纱的窗棂铺到屋内的桌子上。丰子恺与刚从日本归国的友人王涵秋正坐在座椅上,翻阅弘一法师出家前的旧照片。微风吹拂,墙外花草的清香慢慢渗进屋内,前尘旧梦就这样流泻开来。
  "铛、铛、铛……"叩门声响了三下,丰子恺放下手中的照片起身开门。
  门打开后,丰子恺不禁有瞬间的失神。照片上那个风流倜傥之人,已经走出来,附着在眼前这个披着袈裟、穿着草鞋之人身上。
  拿起泛黄的老照片,弘一法师心境清淡,笑容虚空而超然。这一张是在天仙园看戏时拍的,这一张是《茶花女》剧照,这一张是东京美术学校毕业照,弘一法师缓缓地向丰子恺与王涵秋说着前尘旧事,仿佛这些故事都与己无关。空中云卷云舒,能做到淡然面对一切,不苛求、不奢望、不刻意的人,又有几何?即便是心归佛法的弘一法师,也难做到。当他在散乱的照片中,窥见自己站在城南草堂的留影时,那淡然的笑容稍稍僵持。
  虽然天涯人已经各自散在天涯,那座城南草堂应该还守候在原地吧。
  第二日,丰子恺与王涵秋陪着弘一法师去了城南草堂。岸边的杨柳随风摇曳,而青龙桥已不再,房子旁侧的小浜,也只存在记忆中。弘一法师走在二十年前那条日常惯走的小路上,内心有风吹起。

人不在了，景也换了，发生过的是什么呢？记忆中的色彩与声音是否可信呢？修行未完，心中并无答案。

弘一法师正准备走时，屋内走出一人，热情地招呼他们进去坐坐。

"贫僧听闻这房子原先的主人乃是许幻园，上人可否知道他的去向？"弘一法师怀抱一线希望，语气中满是期待。

那人指着不远处一间低矮的砖房："就在前面不远处，许居士门前摆着一张代写书信的小桌。"

穿过桥洞，走过一条新铺的马路，弘一法师来至那所小平房。已近正午，阳光越来越盛，黄浦江上帆樯来往，水波不息。弘一法师深深呼吸两下，抬起手叩响那扇破旧的木门。

木门"吱呀"一声，响了，走出一位白发苍苍的老者。

风流雅事不复，倜傥之人已老，老友相聚，两两相顾无言。

"人生如梦耳，哀乐到心头。洒剩两行泪，吟成一夕秋。慈云渺天末，明月下南楼。寿世无长物，丹青片预留。"李叔同当年的题词，一语成谶。岁月无情，如今辗转已是二十年过去，而昔日的两位风流才子，一位已经被风霜浸染，徐徐老矣；一位早已遁入空门，西游数载。可叹！人生不过一场荒唐的大梦，纵然此刻相见得以再续前缘，也终究是泪洒尘泥，无影无痕。

离别之后，云高天远，后会无期。

夕阳西下，暗淡的余晖映照着弘一法师前行的路途。脑海中隐约想起唐代诗人李益的两句诗："明日巴陵道，秋山又几重。"

耳边，风声鹤唳。

附录一　弘一大师记事年表

1880 年　清光绪六年·庚辰
10 月 23 号（农历九月二十日）生于天津，籍贯浙江平湖。父为李筱楼，清同治四年（1865 年）进士，母为王凤玲，家中行三。取名文涛，字叔同，乳名成蹊。

1884 年　清光绪十年·甲申
父李筱楼病故，卒年 72 岁，学法上人率众僧念《金刚经》助其往生。

1885 年　清光绪十一年·乙酉
随仲兄文熙受启蒙教育。

1886 年　清光绪十二年·丙戌
日课《百孝图》《返性篇》《格言联璧》《文选》等。

1887 年　清光绪十三年·丁亥
习诵《名贤集》。又从常云庄受业，读《孝经》《毛诗》等。此后又读过《唐诗》《千家诗》《古文观止》等。13 岁学篆，15 岁有"人生犹似西山日，富贵终如草上霜"等诗句吟诵。

1896 年　清光绪二十二年·丙申

从天津名士赵幼梅学诗词，兼习辞赋、八股。又从唐敬岩学篆隶刻石。与天津名士时有交游，爱好戏剧。

1897 年　清光绪二十三年·丁酉

与天津茶商俞家之女成婚，俞氏长叔同两岁。以童生资格应天津县儒学考试，学名李文涛，未第。

1898 年　清光绪二十四年·戊戌

清光绪采纳康梁维新主张，颁《定国是诏》。李叔同刻"南海康君是吾师"印章，被疑为康梁同党，奉母携眷迁居上海，赁居法租界卜邻里。加入"城南文社"，曾以《拟宋玉小言赋》，名列文社月会第一。

刊《李叔同先生印存》一书，收作品 139 方。

1899 年　清光绪二十五年·己亥

"城南文社"许幻园慕其才，邀请其入住"城南草堂"。是年与袁希濂、许幻园、蔡小香、张小楼结为"金兰之谊"，号称"天涯五友"，曾合影留念。

是年得清纪晓岚所藏"汉甘林瓦砚"，便广征名士题辞，并印成《汉甘林瓦砚题辞》二卷。

1900 年　清光绪二十六年·庚子

正月，作《二十自述诗序》。春，与书画名家组织海上书画公会，任伯年、朱梦庐等皆为会员，每周出《书画报》一纸。

11 月 10 日（农历九月十九日），子李准生，作《老少年曲》自勉。

1901 年　清光绪二十七年·辛丑

庚子之难，回天津，文熙逃难河南，未曾一见。后回上海，整理途中见闻与感受，写成《辛丑北征泪墨》，于5月在上海出版。

秋，入上海南洋公学特班，受业于蔡元培。

与诗妓李苹香、歌妓朱慧百、歌郎金娃娃等人风月往来。

1902年 清光绪二十八年·壬寅

因南洋公学事件离校，以平湖县监生资格，报考庚子、辛丑恩正并科乡试，未第。

1903年 清光绪二十九年·癸卯

与尤惜阴居士同任上海圣约翰大学国文教授。不久去职。

翻译出版《法学门径书》《国际私法》。

1904年 清光绪三十年·甲辰

常与歌郎、艺妓等艺事往还。

加入上海组织"沪学会"，提倡尚武精神，宣传移风易俗。

次子李端出生。

1905年 清光绪三十一年·乙巳

为沪学会作《祖国歌》等歌，出版《国学唱歌集》。

母王氏病逝，携眷扶柩回津。秋，东渡日本留学。去国前作《金缕曲》。

留日学生高天梅主编《醒狮》杂志，李叔同为之设计封面，并撰稿。

1906年 清光绪三十二年·丙午

独立创办《音乐小杂志》，此乃中国第一份音乐杂志。

入东京美术学校油画科，同时又于校外从上真行勇学音乐、戏剧。并与一名日本女子雪子相恋。初名李哀，后改名为李岸。

与学友一起创办"春柳社"，此乃中国第一个话剧团体。

1907 年 清光绪三十三年·丁未

"春柳社"演出《茶花女遗事》，李叔同扮演茶花女玛格丽特。后又演出《黑奴吁天录》等剧。

1911 年 清宣统二年·辛亥

以优异成绩毕业于东京美术学校。携日籍夫人归国，将夫人安置于上海法租界公寓，后回天津。曾任天津直隶模范工业学堂等校图画教师。

是年，李家破产。

1912 年 民国元年·壬子

返上海。任教于城东女学，教授国文。

加入"南社"，并担任《太平洋报》主编之职，组织文美会，且主编《文美杂志》。

辛亥革命成功，李叔同填词《满江红》。

《太平洋报》倒闭之后，受经亨颐之请，任浙江省两级师范学校图画、音乐教师。

1913 年 民国二年·癸丑

浙江省两级师范学校改名为浙江省立第一师范学校。

编《白阳》杂志，《春游三部曲》《欧洲文学之概观》《西洋乐器种类概说》《石膏模型用法》等作品均署名"息霜"载于是刊。

1914 年 民国三年·甲寅

加入西泠印社，课余集合经亨颐、夏丏尊等组织成立"乐石社"，被选为第一任社长，从事金石研究与创作。

1915 年 民国四年·乙卯

在浙江省立第一师范学校任教时，兼任南京高等师范学校图画、音乐教员。

于南京组织"宁社",倡导书画艺术。

撰《乐石社社友小传》,并作《乐石社记》,自署"当湖人"。

暑期曾与日籍夫人赴日避暑。

1916年 民国五年·丙辰

于虎跑寺断食3个星期,并写有《断食日志》。

1917年 民国六年·丁巳

于下半年发心食素,并请《普贤行愿品》《楞严经》及《大乘起信论》等多种佛经研读。

1918年 民国七年·戊午

正月间,赴虎跑寺习静。正月十五日,于了悟法师座下剃度,法名演音,号弘一法师。

农历九月至灵隐寺受戒。受戒后,赴嘉兴精严寺小住。

年底应马一浮之召至杭州海潮寺。

1919年 民国八年·乙未

小住杭州艮山门外井亭庵,不久移居玉泉寺。夏居虎跑寺。秋至灵隐寺,与程中和、吴建东居士共燃臂香,依天亲菩萨《菩提心论》发十大正愿。

1920年 民国九年·庚申

春,居玉泉寺。《印光法师文钞》出版,作《印光法师文钞题辞并序》。

夏,赴浙江新城闭关。中秋后移居浙江衢州莲花寺,手装《佛说大乘戒经》《十善业道经》等,并有题记。校定《菩萨戒本》。

1921年 民国十年·辛酉

春,自杭州赴温州,居庆福寺,撰"谢客启",掩关治律。夏,所编《四分律比丘戒相表记》初稿完成。

1922 年 民国十一年·壬戌
居于庆福寺，患痢疾，托后事，而后奇迹般病愈。

1923 年 民国十二年·癸亥
春，至上海，与尤惜阴居士合撰《印造佛像之功德》。曾居太平寺，题元魏昙鸾《往生论注》，并录印光大师法语于卷端。
夏，为杭州西泠印社书《弥陀经》一卷，该社将其刻于石幢。夏赴杭州灵隐寺听慧明大师讲《楞严经》。

1924 年 民国十三年·甲子
由衢州莲华寺移居三藏寺。不久，取道松阳、青田抵温州。
《四分律比丘戒相表记》完稿。

1925 年 民国十四年·乙丑
至宁波，挂单七塔寺。应夏丏尊之请至上虞白马湖小住，不久返温州。

1926 年 民国十五年·丙寅
正月，俞氏病故，文熙来信嘱返津，因故未能成行。
由永嘉至杭州，到上海，再到庐山。在庐山时，写《华严经十回向品·初回向章》，太虚大师推为近数十年来僧人写经之冠。

1927 年 民国十六年·丁卯
闭关于杭州云居山常寂光寺，平定灭佛之事。

1928 年 民国十七年·戊辰
春夏之间，在温州。秋至上海与丰子恺、李圆净具体商量编《护生画集》。

冬，刘质平、夏丏尊、丰子恺、经亨颐等共同集资，发起在白马湖筑屋，供大师居住冬赴闽南。

1929 年 民国十八年·己巳

正月，自南安小雪峰至厦门南普陀寺，居闽南佛学院，参与整顿学院教育。春，返温州，秋在白马湖"晚晴山房"小住，冬月重至厦门、南安，与太虚大师在小雪峰度岁，并合作《三宝歌》。

《护生画集》由上海开明书店出版。50 幅由丰子恺所绘的护生画皆由大师配诗并题写。

夏丏尊以所藏大师在俗时所临各种碑帖出版，名《李息翁临古法书》。

1930 年 民国十九年·庚午

自小雪峰至泉州承天寺。赴温州，后至白马湖。秋赴慈溪金仙寺讲律。冬月赴温州庆福寺。时人称大师孤云野鹤，弘法四方。

1931 年 民国二十年·辛未

春，自温州过宁波，旋赴白马湖横塘镇法界寺。发愿弃舍有部律，专学南山，从此由新律家变为旧律家。

夏，亦幻法师发起创办"南山律学院"，请大师住持于五磊寺，后因与寺主意见未洽，遂离去。

秋，广洽法师函邀大师赴厦门。在金仙寺作《清凉歌》。

1932 年 民国二十一年·壬申

于镇海龙山伏龙寺为刘质平作书法，年底抵厦门，住山边岩，讲授《人生之最后》于妙释寺。

1933 年 民国二十二年·癸酉

于妙释寺讲《改过经验谈》，在万寿岩讲《随机羯磨》，重编蕅益大师警训为《寒笳集》。

于开元寺圈点《南山钞记》,在承天寺讲《常随佛学》。

1934年 民国二十三年·甲戌

元旦,在泉州草庵讲《含注戒本》。正月廿一日讲《祭颙愚大师爪发衣钵塔文》《德林座右铭》。此年撰述丰厚,有《记厦门贫儿舍资请宋藏事》《地藏菩萨本愿经说要序》《随机羯磨疏跋》《四分律随机羯磨题记》《一梦漫言跋》《庄闲女居士手书法华经序》《见月律师年谱摭要并跋》《一梦漫言序》《缁门崇行录选录序》等。

在南普陀寺创办佛教养正院。

1935年 民国二十四年·乙亥

正月在万寿岩撰《净宗问辨》。后至泉州开元寺讲《一梦漫言》。初夏抵净峰寺。年底回泉州承天寺讲律。

1936年 民国二十五年·丙子

元旦,卧病草庵。春,自草庵至厦门就诊,数月方愈。期间于佛教养正院抱病讲《青年佛徒应注意的四项》。

病愈之后,于鼓浪屿日光岩闭关。郁达夫来访,随后回南普陀寺后山安居。

手书《乙亥惠安弘法日记》《壬丙南闽弘法略志》等。《清凉歌集》由上海开明书店出版。

1937年 民国二十六年·丁丑

在佛教养正院讲《随机羯磨》,又讲《南闽十年之梦影》及《出家人与书法》。为厦门市第一届运动会作会歌。赴青岛湛山寺讲律。后返厦门,岁末赴泉州草庵。

1938年 民国二十七年·戊寅

先后在泉州、惠安及厦门等地讲经。

1939年 民国二十八年·己卯
入蓬壶毗峰普济寺闭门静修。
澳门《觉音》月刊和上海《佛学》半月刊均出版"弘一法师六秩纪念专刊"。
秋末，为《续护生画集》题字并作跋。

1940年 民国二十九年·庚辰
《续护生画集》印行。
闭关永春蓬山，谢绝一切往来，专事著述。
秋，应请赴南安灵应寺弘法。

1941年 民国三十年·辛巳
离灵应寺赴晋江福林寺结夏安居，并讲《律钞宗要》，编《律钞宗要随讲别录》。
冬，入泉州百原寺小住，后移居开元寺。岁末，返福林寺度岁。

1942年 民国三十一年·壬午
赴灵瑞山、泉州等地讲经。后居温陵养老院，为寿山法师教演剃度仪轨，中秋节当晚，回开元寺尊胜院讲《八大人觉经》，翌日于温陵养老院讲《净土法要》。
10月2日下午身体发热，渐示微疾。10月7日唤妙莲法师写遗嘱。
10月10日下午写下绝笔"悲欣交集"四字交妙莲法师。13日晚8时安详西逝，圆寂于温陵养老院。

附录二　送别：弘一大师经典诗文选

清平乐·赠许幻园

城南小住，情适闲居赋。文采风流合倾慕，闭户著书自足。

阳春常驻山家，金樽酒进胡麻。篱畔菊花未老，岭头又放梅花。

和宋贞题《城南草堂图》原韵

门外风花各自春，空中楼阁画中身。

而今得结烟霞侣，休管人生幻与真。

【作者原注】

庚子初夏，余寄居草堂。得与幻园晨夕聚首。"曩幻园于丁酉冬，作《二十自述诗》，张蒲友孝廉为题词云：无真非幻，无幻非真。"可谓深知幻园者矣。

老少年曲

梧桐树，西风黄叶飘，夕日疏林杪。花事匆匆，零落凭谁吊？朱颜镜里凋，白发愁边绕。一霎光阴，底是催人老，有千金，也难买韶华好。

《二十自述诗》序

堕地苦晚，又撄尘劳。木替花荣，驹隙一瞬。俯仰之间，岁已弱冠。回思曩事，恍如昨晨。欣戚无端，抑郁谁语？爰托毫素，取志遗踪。旅邸寒灯，光仅如豆。

成之一夕，不事雕劚。言属心声，乃多哀怨。江关庾信，花鸟徐陵。为溯前贤，益增惭恧！凡属知我，庶几谅予。

七月七夕在谢秋云妆阁有感诗以谢之

风风雨雨忆前尘，悔煞欢场色相因。
十日黄花愁见影，一弯眉月懒窥人。
冰蚕丝尽心先死，故国天寒梦不春。
眼界大千皆泪海，为谁惆怅为谁颦！

赠语心楼主人

天末斜阳淡不红，虾蟆陵下几秋风。
将军已死圆圆老，都在书生倦眼中。
道左朱门谁痛哭，庭前枯木已成围。
只今憔悴江南日，不似当年金缕衣。

菩萨蛮·忆杨翠喜（两首）

其一：燕支山上花如雪，燕支山下人如月。额发翠云铺，眉弯淡欲无。夕阳微雨后，叶底秋痕瘦。生小怕言愁，言愁不耐羞。

其二：晚风无力垂杨嫩，情长忘却游丝绿。酒醒月痕低，江南杜宇啼。痴魂销一捻，愿化穿花蝶。帘外隔花阴，朝朝香梦沉。

为老妓高翠娥作

残山剩水可怜宵，慢把琴樽慰寂寥。
顿老琵琶妥娘曲，红楼暮雨梦南朝。

夜泊塘沽

杜宇声声归去好，天涯何处无芳草。
春来春去奈愁何，流光一霎催人老。

新鬼故鬼鸣喧哗,野火燐燐树影遮。
月似解人离别苦,清光减作一钩斜。

遇风愁不成寐

到津次夜,大风怒吼,金铁皆鸣,愁不成寐。

世界鱼龙混,天心何不平?
岂因时事感,偏作怒号声。
烛尽难寻梦,春寒况五更。
马嘶残月堕,笳鼓万军营。

感 时

杜宇啼残故国愁,虚名况敢望千秋。
男儿若论收场好,不是将军也断头。

津门清明

一杯浊酒过清明,觞断樽前百感生。
辜负江南好风景,杏花时节在边城。

赠津中同人

千秋功罪公评在,我本红羊劫外身。
自分聪明原有限,羞将事后论旁人。

轮中枕上闻歌口占

子夜新声碧玉环,可怜肠断念家山。
劝君莫把愁颜破,西望长安人未还。

西江月·宿塘沽旅馆

残漏惊人梦里,孤灯对景成双。前尘渺渺几思量,只道人归是谎。

谁说春宵苦短,算来竟比年长。海风吹起夜潮狂,怎把新愁吹涨?

登轮感赋

感慨沧桑变,天边极目时。
晚帆轻似箭,落日大如箕。
风卷旌旗走,野平车马驰。
河山悲故国,不禁泪双垂。

金缕曲·赠歌郎金娃娃

秋老江南矣。忒匆匆、春余梦影,樽前眉底。陶写中年丝竹耳,走马胭脂队里。怎到眼都成余子?片玉昆山神朗朗,紫樱桃,漫把红情系。愁万斛,来收起。

泥他粉墨登场地。领略那、英雄气宇,秋娘情味。雏凤声清清几许,销尽填胸荡气。笑我亦布衣而已。奔走天涯无一事,问何如声色将情寄?休怒骂,且游戏。

书 愤

文采风流上座倾,眼中竖子遂成名!
某山某水留奇迹,一草一花是爱根。
休矣著书俟赤鸟,悄然挥扇避青蝇。
众生何用干霄哭,隐隐朝廷有笑声。

春 风

春风几日落红堆,明镜明朝白发摧。
一颗头颅一杯酒,南山猿鹤北山莱。
秋娘颜色娇欲语,小雅文章凄以哀。
昨夜梦游王母国,夕阳如血染楼台。

昨 夜

昨夜星辰人倚楼，中原咫尺山河浮。

沈沈万绿寂不语，梨华一枝红小秋。

重游小兰亭口占

重游小兰亭，风景依稀，心绪殊恶，口占二十八字题壁，时九月望前一日也。

一夜西风蓦地寒，吹将红叶上栏干。

春来秋去忙如许，未到晨钟梦已阑。

醉 时

醉时歌哭醒时迷，甚矣吾衰慨凤兮。

帝子祠前芳草绿，天津桥上杜鹃啼。

空梁落月窥华发，无主行人唱大堤。

梦里家山渺何处，沈沈风雨暮天西。

初 梦

鸡犬无声天地死，风景不殊山河非。

妙莲华开大尺五，弥勒松高腰十围。

恩仇恩仇若相忘，翠羽明珠绣柄裆。

隔断红尘三万里，先生自号水仙王。

帘 衣

帘衣一桁晚风轻，艳艳银灯到眼明。

薄悻吴儿心木石，红衫娘子唤花名。

秋于凉雨燕支瘦，春人离弦断续声。

后日相思渺何许，芙蓉开老石家城。

高阳台·忆金娃娃

十日沉愁,一声杜宇,相思啼上花梢。春隔天涯,剧怜好梦迢遥。前溪芳草经年绿,只风情,孤负良宵。最难抛、门巷依依,暮雨潇潇。

而今未改双眉妩,只江南春老,谢了樱桃。怣煞迷离,匆匆已过花朝。游丝苦挽行人驻,奈东风,冷到溪桥。镇无聊,记取离愁,吹彻琼箫。

戏赠蔡小香四绝

眉间愁语烛边情,素手掺掺一握盈。
艳福者般真美煞,侍人个个唤先生。
云髻蓬松粉薄施,看来西子捧心时。
自从一病恹恹后,瘦了春山几道眉。

轻减腰围比柳姿,刘桢平视故迟迟。
佯羞半吐丁香舌,一段浓芳是口脂。

愿将天上长生药,医尽人间短命花。
自是中郎精妙术,大名传遍沪江涯。

南浦月·将北行矣,留别海上同人

杨柳无情,丝丝化作愁千缕。惺忪如许,萦起心头绪。
谁道销魂,心意无凭据。离亭外,一帆风雨,只有人归去。

天韵阁席上得句赠苹香

沧海狂澜聒地流,新声怕听四弦秋。
如何十里章台路,只有花枝不解愁。

最高楼上月初斜,惨绿愁红掩映遮。
我欲当筵拼一哭,那堪重听《后庭花》。

残山剩水说南朝，黄浦东风夜卷潮。
《河满》一声惊掩面，可怜肠断玉人箫。

和补园赠天韵阁主人元韵

慢将别恨怨离居，一幅新愁和泪书。
梦醒扬州狂杜牧，风尘辜负女相如。
马缨一树个侬家，窗外珠帘映碧纱。
解道伤心有司马，不将幽怨诉琵琶。
伊谁情种说神仙，恨海茫茫本孽缘。
笑我风怀半消却，年来参透断肠禅。
闲愁检点付新诗，岁月惊心发已丝。
取次花丛懒回顾，休将薄悻怨微之。

咏 菊

姹紫嫣红不耐霜，繁华一霎过韶光。
生来未藉东风力，老去能添晚节香。
风里柔条频损绿，花中正色自含黄。
莫言冷淡无知己，曾有渊明为举觞。

李苹香序·京师乐籍说

向读龚璱人《京师乐籍说》，渊渊然忧，涓涓然思，曰："乐籍祸人家国，其剧烈有如是欤？"既而披欧籍，籀新理，乃知龚子之说，颇涉影响。曷言之？乐籍之进步，与文明之发达，关系綦切。故考其文明之程度，观于乐籍可知也。时乎文化惨澹，民智皆瘠。虽有乐籍，其势力弱，其进步迟。卑卑之伦，固鲜足齿。若文明发达之国，乐籍棋布，殆遍都邑。杂裙垂髻，目窕心与。游其间者，精神豁爽，体力活泼，开思想之灵窍，辟脑丝之智府。说者疑吾言乎？易观欧洲之法兰西京师巴黎，乐籍之盛为全球冠。宜其民族沉溺于兹，无复高旷之思想矣。乃何以欧洲犹有"欲铸活脑力，当作巴黎游"之谚？兹说兹理，较然甚明，奚俟剌剌为耶！唯我支那文化未进，乐籍之名，魁儒勿道。上海一埠，号称繁华，以视法之小邑，犹莫逮其万一，遑论巴黎！岂野蛮之现象固如是，抑亦提倡之者无其人欤！

友人铄镂十一郎，新撰一小册子，曰《李苹香》，邮函索叙于余。余固未见其书，无自述其内容。第稔李苹香为上海乐籍之卓著者。君撰是册，亦非碌碌因人者。不揣梼昧，撷拾西哲最新之学说，为读是书者告。夫惟大雅，倘亦题兹说欤！

甲辰春杪，当湖惜霜。

梦

哀游子茕茕其无依兮，在天之涯。惟长夜漫漫而独寐兮，时恍惚以魂驰。梦偃卧摇篮以啼笑兮，似婴儿时。母食我甘酪与粉饵兮，父衣我以彩衣。

哀游子怆怆而自怜兮，吊形影悲。惟长夜漫漫而独寐兮，时恍惚以魂驰。梦挥泪出门辞父母兮，叹生别离。父语我眠食宜珍重兮，母语我以早归。月落乌啼，梦影依稀，往事知不知？泪半生哀乐之长逝兮，感亲之恩其永垂。

金缕曲·将之日本，留别祖国并呈同学诸子

披发佯狂走。莽中原，暮鸦啼彻，几株衰柳。破碎河山谁收拾？零落西风依旧。便惹得离人消瘦。行矣临流重太息，说相思，刻骨双红豆。愁黯黯，浓于酒。

漾情不断淞波溜。恨年来、絮飘萍泊，遮难回首。二十文章惊海内，毕竟空谈何有？听匣底苍龙狂吼。长夜西风眠不得，度群生那惜心肝剖？是祖国，忍孤负！

满江红·民国肇造，填此志感

皎皎昆仑，山顶月，有人长啸。看囊底，宝刀如雪，恩仇多少。双手裂开鼷鼠胆，寸金铸出民权脑。算此生不负是男儿，头颅好。

荆轲墓，咸阳道；聂政死，尸骸暴。尽大江东去，余情还绕。魂魄化成精卫鸟，血花溅作红心草。看从今，一担好山河，英雄造。

音乐小杂志序

闲庭春浅，疏梅半开。朝曦上衣，软风入媚。流莺三五，隔树乱啼；乳燕一双，依人学语。上下宛转，有若互答。其音清脆，悦魄荡心。若夫萧辰告悴，百草不芳。寒蛩泣霜，杜鹃啼血，疏砧落叶，夜雨鸣鸡。闻者为之不欢，离人于焉陨涕。又若登高山，临巨流，海鸟长啼，天风振袖，奔涛怒吼，更相逐搏，砰磅訇磕，谷震山鸣，懦夫丧魄而不前，壮士奋袂以兴起。呜呼，声音之道，感人深矣！唯彼声音，佥出天然，若夫人为，厥有音乐，天人异趣，效用靡殊。

粤夫音乐，肇自古初。史家所闻，实祖印度。埃及传之，稍事制作。逮及希腊，乃有定名，道以著矣。自是而降，代有作者。流派灼彰，新理泉达。瑰伟卓绝，突轶前贤。迄于今兹，发达益烈。云瀚水涌，一泻千里。欧美风靡，亚东景从。盖琢磨道德，促社会之健全；陶冶性情，感精神之粹美。效用之力，宁有极欤！

乙巳十月，同人议创《美术杂志》，音乐隶焉。乃规模粗具，风潮突起。同人星散，瓦解势成。不佞留滞东京，索居寡侣。重食前说，负疚何如？爰以个人绵力，先刊《音乐小杂志》，饷我学界，期年二册，春秋刊行。蠡测莛撞，矢口惭讷。大雅宏达，不弃孤陋，有以启之，所深幸也。

呜呼，沈沈乐界，眷予情其信芳。寂寂家山，独抑郁而谁语？刻夫湘灵瑟渺，凄凉帝子之魂；故国天寒，呜咽山阳之笛。《春灯》《燕子》，可怜几树斜阳；《玉树后庭》，愁对一钩新月。望凉风于天末，吹参差其谁思？瞑想前尘，辄为怅惘。旅楼一角，长夜如年。援笔未终，灯昏欲泣。

时丙午正月三日。

隋堤柳

甚西风吹醒隋堤衰柳，江山非旧。只风景依稀，凄凉时候。零星旧梦半沉浮，说阅尽兴亡，遮难回首。昔日珠帘锦幕，有淡烟一抹，纤月盈钩。

剩水残山故国秋。知否，知否，眼底离离麦秀。说甚无情，情丝踠到心头。杜鹃啼血哭神州，海棠有泪伤秋瘦。深愁浅愁难消受，谁家庭院笙歌又？

朝游不忍池

凤泊鸾飘有所思，出门怅惘欲何之？
晓星三五明到眼，残月一痕纤似眉。
秋草黄枯菡萏国，紫薇红湿水仙祠。
小桥独立了无语，瞥见林梢升曙曦。

茶花女遗事演后感赋

东邻有女背佝偻，西邻有女犹含羞。
蟪蛄宁识春与秋，金莲鞋子玉搔头。
拆度众生成佛果，为现歌台说法身。
孟旂不作吾道绝，中原滚地皆胡尘。

题丁慕琴绘黛玉葬花图

收拾残红意自勤，携锄替筑百花坟。
玉钩斜畔隋家冢，一样千秋冷夕曛。

飘零何事怨春归，九十韶光花自飞。
寄语芳魂莫惆怅，美人香草好相依。

西湖夜游记

壬子七月，余重来杭州，客师范学舍。残暑未歇，庭树肇秋，高楼当风，竟夕寂坐。越六日，偕姜夏二先生游西湖。于时晚晖落红，暮山被紫，游众星散，流萤出林。湖岸风来，轻裾致爽。乃入湖上某亭，命治茗具。又有菱芰，陈粲盈几。短童侍坐，狂客披襟，申眉高谈，乐说旧事。庄谐杂作，继以长啸，林鸟惊飞，残灯不华。起视明湖，莹然一碧。远峰苍苍，若现若隐，颇涉遐想，因忆旧游。曩岁来杭，故旧交集，文子耀斋，田子毅侯，时相过从，辄饮湖上。岁月如流，倏逾九稔。生者流离，逝者不作，坠欢莫拾，酒痕在衣。刘孝标云："魂魄一去，将同秋草。"吾生渺茫，可惨然感矣。漏下三箭，秉烛言归。星辰在天，万籁俱寂，野火暗暗，疑似青磷；垂杨沉沉，有如酣睡。归来篝灯，斗室无寐，秋声如雨，我劳如何？目瞑意倦，濡笔记之。

忆儿时

　　春去秋来，岁月如流，游子伤漂泊。
　　回忆儿时，家居嬉戏，光景宛如昨。
　　茅屋三椽，老梅一树，树底迷藏捉。
　　高枝啼鸟，小川游鱼，曾把闲情托。
　　儿时欢乐，斯乐不可作。
　　儿时欢乐，斯乐不可作。

送　别

　　长亭外，古道边，芳草碧连天。晚风拂柳笛声残，夕阳山外山。
　　天之涯，地之角，知交半零落。一壶浊酒尽余欢，今宵别梦寒。

西　湖

　　看明湖一碧，六桥锁烟水。塔影参差，有画船自来去。垂杨柳两行，绿染长堤。飏晴风，又笛韵悠扬起。
　　看青山四围，高峰南北齐。山色自空濛，有竹木媚幽姿。探古洞烟霞，翠朴须眉。霎暮雨，又钟声林外起。
　　大好湖山如此，独擅天然美。明湖碧无际，又青山绿作堆。漾晴光潋滟，带雨色幽奇。靓妆比西子，尽浓淡总相宜。

早　秋

　　十里明湖一叶舟，城南烟月水西楼。几许秋容娇欲流，隔着垂杨柳。
　　远山明净眉尖瘦，闲云飘忽罗纹皱。天末凉风送早秋，秋花点点头。

初 夜

眉月一弯夜三更，画屏深处宝鸭篆烟青。

唧唧唧唧，唧唧唧唧，秋虫绕砌鸣。小簟凉多睡味清。

题梦仙花卉横幅

梦仙大姊，幼学于王弢园先辈，能文章诗词。又就灵鹣京卿学，画宗七芗家法，而能得其神韵，时人以出蓝誉之。是画作于庚子九月，时余方奉母居城南草堂。花晨月夕，母辄招大姊说诗评画，引以为乐。大姊多病，母为治药饵，视之如己出。壬寅荷花生日大姊逝越三年乙巳，母亦弃养。余乃亡命海外，放浪无赖。回忆曩日，家庭之乐，唱和之雅，恍惚殆若隔世矣。今岁幻园姻兄示此幅，索为题辞。余恫逝者之不作，悲生人之多艰。聊赋短什。以志哀思。

人生如梦耳，哀乐到心头。

洒剩两行泪，吟成一夕秋。

慈云渺天末，明月下南楼。

寿世无长物，丹青片羽留。

【作者原注】

"慈云渺天末，明月下南楼"——今春过城南草堂旧址，楼台杨柳大半荒芜矣。

玉连环影·为丐尊题小梅花屋图

屋老。一树梅花小。

住个诗人，添个新诗料。

爱清闲，爱天然。城外西湖，湖上有青山。

题陈师曾荷花小幅

师曾画荷花，昔藏余家。癸丑之秋，以贻听泉先生同学。今再展玩，为缀小词。时余将入山坐禅。慧业云云，以美荷花，亦以是自勖也。丙辰寒露。

一花一叶，孤芳致洁。昏波不染，成就慧业。

废 墟

看一片平芜,家家衰草迷残砾。玉砌雕栏溯往昔,影事难寻觅。千古繁华,歌休舞歇,剩有寒螀泣。

春 游

春风吹面薄于纱,春人妆束淡于画。
游春人在画中行,万花飞舞春人下。
梨花淡白菜花黄,柳花委地芥花香。
莺啼陌上人归去,花外疏钟送夕阳。

月 夜

纤云四卷银河净,梧叶萧疏摇月影。剪径凉风阵阵紧,暮鸦栖止未定。万里空明人意静。呀!是何处,敲彻玉磬。一声声清越度幽岭。呀!是何处,声相酬应,是孤雁寒砧并。想此时此际幽人应独醒,倚栏风冷。

落 花

纷,纷,纷,纷,纷,纷……
惟落花委地无言兮,化作泥尘。
寂,寂,寂,寂,寂,寂……
何春光长逝不归兮,永绝消息。
忆春风之日暄,芬菲菲以争妍。
既垂荣以发秀,倏节易而时迁;春残。
览落红之辞枝兮,伤花事其阑珊;已矣!
春秋其代序以递嬗兮,俯念迟暮。
荣枯不须臾,盛衰有常数!
人生之浮年若朝露兮,泉壤兴衰。
朱华易消歇,青春不再来。

月

仰碧空明明，朗月悬太清。

瞰下界扰扰，尘欲迷中道。

惟愿灵光普万方，荡涤垢滓扬芬芳。

虚渺无极，圣洁神秘，灵光常仰望。

惟愿灵光普万方，荡涤垢滓扬芬芳。

虚渺无极，圣洁神秘，灵光常仰望。

仰碧空明明，朗月悬太清。

瞰下界暗暗，世路多愁叹。

惟愿灵光普万方，披除痛苦散清凉。

虚渺无极，圣洁神秘，灵光常仰望。

惟愿灵光普万方，披除痛苦散清凉。

虚渺无极，圣洁神秘，灵光常仰望。

晚　钟

大地沉沉落日眠，平墟漠漠晚烟残。

幽鸟不鸣暮色起，万籁俱寂丛林寒。

浩荡飘风起天杪，摇曳钟声出尘表。

绵绵灵响彻心弦，幽幽幽思凝冥杳。

众生病苦谁扶持？尘网颠倒泥涂污。

惟神悯恤敷大德，拯吾罪恶成正觉。

誓心稽首永皈依，瞑瞑入定陈虔祈。

倏忽光明烛太虚，云端仿佛天门破；

庄严七宝迷氤氲，瑶华翠羽垂缤纷。

浴灵光兮朝圣真，拜手承神恩。

仰天衢兮瞻慈云，忽现忽若隐。

钟声沈暮天，神恩永存在。

神之恩，大无外。

清凉歌五首

清　凉

清凉月，月到天心光明殊皎洁。今唱清凉歌，心地光明一笑呵。清凉风，凉风解愠暑气已无踪。今唱清凉歌，热恼消除万物和。清凉水，清水一渠涤荡诸污秽。今唱清凉歌，身心无垢乐如何。清凉，清凉，无上究竟真常。

山　色

近观山色苍然青，其色如蓝。远观山色郁然翠，如蓝成靛。山色非变，山色如故，目力有长短。由近渐远，易青为翠，自远渐近，易翠为青。时常更换，是由缘会。幻想现前，非幻翠幻，而青亦幻。是幻，是幻，万法皆然。

花　香

庭中百合花开，昼有香香淡如，入夜来香乃烈。鼻观是一，何以昼夜浓淡有殊别。白昼众喧动，纷纷俗务萦。目视色，俗务萦。目视色，耳听声，鼻观之力，分于耳目丧其灵。心清闻妙香，用志不分，乃凝于神，古训好参详。

世　梦

却来观世间，犹如梦中事。人生自少而壮，自壮而老。俄入胞胎，俄出胞胎，又入又出无穷已。生不知来，死不知去，蒙蒙然，冥冥然，千生万劫不自知。非真梦欤。枕上片时春梦中，行尽江南数千里。今贪名利，梯山航海，岂必枕上尔。庄生梦蝴蝶，孔子梦周公，梦时固是梦，醒时何非梦。旷大劫来，一时一刻皆梦中。破尽无明，大觉能仁，如是乃为梦醒汉，如是乃名无上尊。

观　心

世间学问义理浅，头绪多似易而反难。出世学问义理深，线索一虽难而似易，线索为何，现前一念心性应寻觅。试观心性，在内欤，在外欤，在中间欤，过去欤，现在欤，或未来欤，长短方圆欤，青黄赤白欤，觅心了不可得，便悟自性真常。是应直下信入，未可错下承当。试观心性，内外中间，过去现在未来，长短方圆，青黄赤白。

悲智颂

己巳十月。重游恩明。书奉闽南佛学院诸仁者。

有悲无智，是曰凡夫。悲智具足，乃名菩萨。我观仁等，悲心深切。当更精进，勤求智慧。智慧之基，曰戒曰定，如是三学，次第应修。先持净戒，并习禅定，乃得真实，甚深智慧。依此智慧，方能利生，犹如莲华，不著于水。断诸分别，舍诸执著。如实观察，一切诸法。心意柔软，言音净妙。以无碍眼，等视众生。具修一切，难行苦行，是为成就，菩萨之道。我与仁等，多生同行，今得聚会，生大欢喜，不揆肤受。辄述所见，傥契幽怀，愿垂玄察。大华严寺沙门慧幢撰。

附录三　丰子恺忆弘一大师

法　味 / 丰子恺

　　暮春的一天，弘一师从杭州招贤寺寄来一张邮片说：

　　"近从温州来杭，承招贤老人殷勤相留，年内或不复他适。"

　　我于六年前将赴日本的前几天的一夜，曾在闸口凤生寺向他告别。以后仆仆奔走，沉酣于浮生之梦，直到这时候未得再见，这一天接到他的邮片，使我非常感兴。那笔力坚秀、布置妥贴（帖）的字迹，和简洁的文句，使我陷入了沉思。做我先生时的他，出家时的他，六年前告别时的情景，六年来的我……霎时都浮出在眼前，觉得这六年越发像梦了。我就决定到杭州去访问。过了三四日，这就被实行了。

　　同行者是他的老友，我的先生 S，也是专程去访他的。从上海到杭州的火车，几乎要行六小时。我在车中，一味回想着李叔同先生——就是现在的弘一师——教我绘图音乐那时候的事。对座的 S 先生从他每次出门必提着的那只小篮中抽出一本小说来翻，又常常向窗外看望。车窗中最惹目的是接续奔来的深绿的桑林。

　　车到杭州，已是上灯时候。我们坐东洋车到西湖边的清华旅馆定下房间，就上附近一家酒楼去。杭州是我的旧游之地。我受李叔同先生之教，就在贡院旧址第一师范。八九年来，很少重游的机会，今晚在车中及酒楼上所见的夜的杭州，面目虽非昔日，然青天似的粉墙，棱角的黑漆石库墙门，冷静而清楚的新马路，官僚气的藤轿，叮当的包车，依然是八九年前的杭州的面影，直使我的心暂时返了童年，回想起学生时代的一切事情来。这一夜天甚黑，我随S先生去访问了几个住在近处的旧时师友，不看西湖就睡觉了。

翌晨七时，即偕S先生乘东洋车赴招贤寺。走进正殿的后面，招贤老人就出来招呼。他说：

"弘一师日间闭门念佛，只有送饭的人出入，下午五时才见客。"

他诚恳地留我们暂时坐（座）谈，我们就在殿后窗下的椅上就座，S先生同他谈话起来。

招贤老人法号弘伞，是弘一师的师兄，二人是九年前先后在虎跑寺剃度的。我看了老人的平扁的颜面，听了他的黏润的声音，想起了九年前的事：

他本来姓程名中和。李先生剃度前数月，曾同我到玉泉寺去访他，且在途中预先对我说：

"这位程先生在二次革命时曾当过团长（？），亲去打南京。近来忽然悟道，暂住在玉泉寺为居士，不久亦将剃度。"

我第一次见他时，他穿着灰白色的长衫，黑色的马褂，靠在栏上看鱼。一见他那平扁而和蔼的颜貌，就觉得和他的名字"中和"异常调和。他的齿的整齐，眼线的平直，面部的丰满，及脸色的暗黄，一齐显出无限的慈悲，使人见了容易联想螺狮顶下的佛面，万万不会相信这面上是配（佩）戴军帽的。不久，这位程居士就与李先生相继出家。后来我又在虎跑寺看见他穿了和尚衣裳做晚课，听到他的根气充实而永续不懈的黏润的念佛声。

这是九年前的事了。如今重见，觉得除了大概因刻苦修行而蒙上的一层老熟与镇静的气象以外，声音笑貌依然同九年前一样。在他，九年的时间真是所谓"如一日"吧！记得那时我从杭州读书归来，母亲说我的面庞像猫头；近来我返故乡，母亲常说我面上憔悴瘦损，已变了狗脸了。时间，在他真是"无老死"的，在我真如灭形伐性之斧了。——当S先生和他谈话的时候我这样想。

坐了一会，我们就辞去。出寺后，又访了湖上几个友人，就搭汽车返旗营。在汽车中谈起午餐，我们准拟吃一天素。但到了那边，终于进王饭儿店去吃了包头鱼。

　　下午我与S先生分途,约于五时在招贤寺山门口会集。等到我另偕了三个也要见弘一师的朋友到招贤寺时,见弘一师已与S先生对坐在山门口的湖岸石埠上谈话了。弘一师见我们,就立起身来,用一种深欢喜的笑颜相迎。我偷眼看他,这笑颜直保留到引我们进山门之后还没有变更。他引我们到了殿旁一所客堂。室中陈设简单而清楚,除了旧式的椅桌外,挂着梵文的壁饰和电灯。大家坐了,暂时相对无言。然后S先生提出话题,介绍与我同来的Y君。Y君向弘一师提出关于儒道、佛道的种种问题,又缕述其幼时的念佛的信心,及其家庭的事情。Y君每说话必垂手起立。弘一师用与前同样的笑颜,举右手表示请他坐。再三,Y君直立如故。弘一师只得保持这笑颜,双手按膝而听他讲。

　　我危坐在旁,细看弘一师神色颇好,眉宇间秀气充溢如故,眼睛常常环视座中诸人,好像要说话。我就乘机问他近来的起居,又谈及他赠给立达学园的《续藏经》的事。这经原是王涵之先生赠他的,他因为自己已有一部,要转送他处,去年S先生就为达立学园向他请得了,弘一师因为以前也曾有二人向他请求过,而久未去领,故嘱我写信给那二人,说明原委,以谢绝他们。他回入房里去了许久,拿出一张通信地址及信稿来,暂时不顾其他客人,同我并坐了,详细周到地教我信上的措词法。这种丁宁郑重的态度,我已十年不领略了。这时候使我顿时回复了学生时代的心情。我只管低头而唯唯,同时俯了眼窥见他那绊着草鞋带的细长而秀白的足趾,起了异常的感觉。

　　"初学修佛最好是每天念佛号。起初不必求长,半小时、一小时都好。惟须专意,不可游心于他事。要练习专心念佛,可自己暗中计算,以五句为一单位,凡念满五句,心中告了段落,或念满五句,摘念珠一颗。如此则心不暇他顾,而可专意于念佛了。初学者以这步功夫为要紧,又念佛时不妨省去'南无'二字,而略称'阿弥陀佛'。则可依时辰钟的秒声而念,即以'的格(强)的格(弱)'的一个节奏(rhythm)的四拍合'阿弥陀佛'四字,继续念下去,效果也与前法一样。"

　　Y君的质问引起了弘一师普遍的说教。旁的人也各提出话问:有的问他阿弥陀佛是什么意义,有的问他过午不食觉得肚饥否,有的问他壁上挂着的是什么文字。

　　我默坐旁听着,只是无端地怅惘。微雨飘进窗来,我们就起身告别。他又用与前同样的笑颜送我们到山门外,我们也笑着,向他道别,各人默默地慢慢地向断桥方面踱去。走了一段路,我觉得浑身异常不安,如有所失,却想不出原因来。忽然看见S先生从袋中摸出香烟来,我恍然悟到这不安是刚才继续两小时模样没有吸烟的原(缘)故,就向他要了一支。

　　是夜我们吃了两次酒,同席的都是我的许久不见的旧时师友。有几个先生已经不认识我,旁的人告诉他说:"他是丰仁。"我听了别人呼我这个久已不用的名字,又立刻还了我的学生时代。有一位先生与我并座,却没有认识我,好像要问尊姓的样子。我不知不觉地装出幼时的语调对他说:"我是丰仁,先生教过我农业的。"他们筛酒时,笑着问我:"酒吃不吃?"又有拿了香烟问我"吸烟不"的。我只答以"好的,好的",心中却自忖着"烟酒我老吃了"!教过我习字的一位先生又把自己的荸荠省给我吃。我觉得非常拘束而不自然,我已完全孩子化了。

　　回到旅馆里,我躺在床上想:"杭州恐比上海落后十年吧!何以我到杭州,好像小了十岁呢?"

　　翌晨,S先生因有事还要勾留,我独自冒大雨上车返上海。车中寂寥得很,想起十年来的心境,犹如常在驱一群无拘束的羊,才把东边的拉拢,西边的又跑开去。拉东牵西,瞻前顾后,困顿得极。不但不由自己拣一条路而前进,连体认自己的状况的余暇也没有。这次来杭,我在弘一师的明镜里约略照见了十年来自己的影子了。我觉得这次好像是连续不断的乱梦中一个欠伸,使我得暂离梦境;拭目一想,又好像是浮生路上的一个车站,使我得到数分钟的静观。

　　车到了上海,浮生的淞沪车又载了我颠簸倾荡地跑了!更不知几时走尽这浮生之路。

　　过了几天,弘一师又从杭州来信,大略说:"音出月拟赴江西庐山金光明会参与道场,愿手写经文三百页分送各施主。经文须用朱书,旧有朱色不敷应用,愿仁者集道侣数人,合赠英国制水彩颜料vermilion(朱红)数瓶。"末又云,"欲数人合赠者,俾多人得布施之福德也"。

我与 S 先生等七八人合买了八瓶 Windsor Newton（温泽·牛顿）制的水彩颜料，又添附了十张夹宣纸，即日寄去。又附言说："师赴庐山，必道经上海，请预示动身日期，以便赴站相候。"他的回信是："此次过上海恐不逗留，秋季归来时再图叙晤。"

后来我返乡石门，向母亲讲起了最近访问做和尚的李叔同先生的事。又在橱内寻出他出家时送我的一包照片来看。其中有穿背心、拖辫子的，有穿洋装的，有扮《白水滩》里的十三郎的，有扮《新茶花女》里的马克的，有作印度人装束的，有穿礼服的，有古装的，有留须穿马褂的，有断食十七日后的照相，有出家后僧装的照相。在旁同看的几个商人的亲戚都惊讶，有的说："这人是无所不为的，将来一定要还俗。"有的说："他可赚二百块钱一月，不做和尚多好呢！"次日，我把这包照片带到上海来，给学园里的同事们学生们看。有许多人看了，问我："他为什么做和尚？"

暑假放了，我天天袒衣跣足，在过街楼上——所谓家里写意度日。友人 W 君新从日本回国，暂寓我家里，在我的外室里堆了零零星星好几堆的行李物件。

有一天早晨，我与 W 君正在吃牛乳，坐在藤椅上翻阅前天带来的李叔同先生的照片，P、T 两儿正在外室翻转 W 君的柳条行李的盖来坐船，忽然一个住在隔壁的学生张皇地上楼来，说："门外有两个和尚在寻问丰先生，其一个样子好像是照相上见过的李叔同先生。"

我下楼一看，果然是弘一、弘伞两法师立在门口。起初我略有些张皇失措，立了一歇，就延他们上楼。自己快跑几步，先到室外把 P、T 两儿从他们的船中抱出，附耳说一句："陌生人来了！"移开他们的船，让出一条路，回头请二法师入室，到过街楼去。我介绍了 W 君，请他们坐下了，问得他们是前天到上海的，现寓大南门灵山寺，要等江西来信，然后决定动身赴庐山的日期。

弘一师起身走近我来，略放低声音说：

"子恺，今天我们要在这里吃午饭，不必多备菜，早一点好了。"

我答应着忙走出来，一面差 P 儿到外边去买汽水，一面叮嘱妻即刻备素菜，须于十一点钟开饭。因为我晓得他们是过午不食的。记得有人告诉我说，有一次杭州有一个人在一个素馆子里办了盛馔请弘一师午餐，陪客到齐已经一点钟,弘一师只吃了一点水果。今天此地离市又远,只得草草办点了。我叮嘱好了,回室,邻居的友人L君、C君、D君,都已闻知了来求见。

今日何日?我梦想不到书架上这堆照片的主人公,竟来坐在这过街楼里了!这些照片如果有知,我想一定要跳出来,抱住这和尚而叫"我们都是你的前身"吧!

我把它们捧了出来,送到弘一师面前。他脸上显出一种超然而虚空的笑容,兴味津津地一张一张地翻开来看,为大家说明,像说别人的事一样。

D君问起他家庭的事。他说在天津还有阿哥、侄儿等;起初写信去告诉他们要出家,他们复信说不赞成,后来再去信说,就没有回信了。

W君是研究油画的,晓得他是中国艺术界的先辈,拿出许多画来,同他长谈细说地论画,他也有时首肯,有时表示意见。我记得弘伞师向来是随俗的,弘一师往日的态度比弘伞师谨严得多。此次却非常的随便,居然亲自到我家里来,又随意谈论世事。我觉得惊异得很!这想来是功夫深了的结果吧。

饭毕,还没有到十二时。弘一师颇有谈话的兴味,弘伞师似也喜欢和人谈话。寂静的盛夏的午后,房间里充满着从窗外草地上反射进来的金黄的光,浸着围坐谈笑的四人——两和尚,W与我。我恍惚间疑是梦境。

七岁的P儿从外室进来,靠在我身边,咬着指甲向两和尚的衣裳注意。弘一师说她那双眼生得距离很开,很是特别,他说:"蛮好看的!"又听见我说她欢喜画画,又欢喜刻石印,二法师都要她给他们也刻两个。弘一师在石上写了一个"月"字(弘一师近又号论月),一个"伞"字,叫P儿刻。当她侧着头,汗淋淋地抱住印床奏刀时,弘一师不瞬目地注视她,一面轻轻地对弘伞说:"你看,专心得很!"又转向我说:"像现在这么大就教她念佛,一定很好。可先拿因果报应的故事讲给她听。"我说:"杀生她本来是怕的。"弘一师赞好,就说:"这地板上蚂蚁很多。"他的注意究竟比我们周到。

话题转到城南草堂与超尘精舍,弘一师非常兴奋,对我们说:

"这是很好的小说题材!我没有空来记录,你们可采作材料呢。"现在把我所听到的记在下面。

他家在天津,他的父亲是有点资产的。他自己说有许多母亲,他父亲生他时，年纪已经六十八岁。五岁上父亲就死了。家主新故，门户又复杂，家庭中大概不安。故他关于母亲，曾一皱眉，摇着头说："我的母亲——生母很苦！"他非常爱慕他母亲。二十岁时陪了母亲南迁上海，住在大南门金洞桥（？）畔一所许宅的房子——即所谓城南草堂，肄业于南洋公学，读书奉母。他母亲在他二十六岁的时候就死在这屋里。他自己说："我从二十岁至二十六岁之间的五六年，是平生最幸福的时候。此后就是不断的悲哀与忧愁，一直到出家。"这屋的所有主许幻园是他的义兄，他与许氏两家共居住在这屋里，朝夕相过从。这时候他很享受了些天伦之乐与俊游之趣。他讲起他母亲死的情形，似乎现在还有余哀。他说："我母亲不在的时候，我正在买棺木，没有亲送。我回来，已经不在了！还只四十几岁！"大家庭里的一个庶出（？）的儿子，五岁上就没有父亲，现在生母又死了，丧母后的他，自然像游丝飞絮，飘荡无根，于家庭故乡，还有什么牵挂呢？他就到日本去。

在日本时的他，听说生活很讲究，天才也各方面都秀拔。他研究绘画、音乐，均有相当的作品，又办春柳剧社，自己演剧，又写得一手好字，作出许多慷慨悲歌的诗词文章。总算曾经尽量发挥过他的才华。后来回国，听说曾任《太平洋报》的文艺编辑，又当过几个学校的重要教师，社会对他的待遇，一般地看来也算不得薄。但在他自己，想必另有一种深的苦痛，所以说"母亲死后到出家是不断的忧患与悲哀"，而在城南草堂读书奉母的"最幸福的"五六年，就成了他的永远的思慕。

他说那房子旁边有小浜，跨浜有苔痕苍古的金洞桥，桥畔立着两株两抱大的柳树。加之那时上海绝不像现在的繁华，来去只有小车子，从他家坐到大南门给十四文大钱已算很阔绰，比起现在的状况来如同隔世，所以城南草堂更足以惹他的思慕了。他后来教音乐时，曾取一首凄婉呜咽的西洋有名歌曲 My Dear Old Sunny Home（《我可爱的阳光明媚的老家》）来改作一曲《忆儿时》，中有"高枝啼鸟，小川游鱼，曾把闲情托"之句，恐怕就是那时的自己描写了。

自从他母亲去世，他抛弃了城南草堂而去国以后，许家的家运不久也衰沉了，后来这房子也就换了主人。□年之前，他曾经走访这故居，屋外小浜，桥，树，依然如故，屋内除了墙门上的黄漆改为黑漆以外，装修布置亦均如旧时，不过改换了屋主而已。

这一次他来上海，因为江西的信没有到，客居无事，灵山寺地点又在小南门，离金洞很近，还有，他晓得大南门有一处讲经念佛的地方叫超尘精舍，也想去看看，就于来访我的前一天步行到大南门一带去寻访。跑了许久，总找不到超尘精舍。他只得改道访城南草堂去。

哪里晓得！城南草堂的门外，就挂着超尘精舍的匾额，而所谓超尘精舍，正设在城南草堂里面！进内一看，装修一如旧时，不过换了洋式的窗户与栏杆，加了新漆，墙上添了些花墙洞。从前他母亲所居的房间，现在已供着佛像，有僧人在那里做课了。近旁的风物也变换了，浜已没有，相当于浜处有一条新筑的马路，桥也没有，树也没有了。他走上转角上一家旧时早有的老药铺，药铺里的人也都已不认识。问了他们，方才晓得这浜是新近被填作马路的，桥已被拆去，柳亦被砍去。那房子的主人是一个开五金店的人，那五金店主不知是信佛还是别的原（缘）故，把它送给和尚念佛了。

弘一师讲到这时候，好像兴奋得很，说："真是奇缘！那时候我真有无穷的感触啊！"其"无穷"两字拍子延得特别长，使我感到一阵鼻酸。后来他又说："几时可陪你们去看看。"

这下午谈到四点钟，我们引他们去参观园，又看了他所赠的《续藏经》，五点钟送他们上车返灵山寺，又约定明晨由我们去访，同去看城南草堂。

翌晨九点钟模样，我偕W君、C君同到灵山寺见弘一师，知江西信于昨晚寄到，已决定今晚上船，弘伞师正在送行李买船票去，不在那里。座谈的时候，他拿出一册白龙山人墨妙来送给我们，说是王一亭君送他，他转送立达图书室的。过了一会，他就换上草鞋，一手夹了照例的一个灰色的小手巾包，一手拿了一顶两只角已经脱落的蝙蝠伞，陪我们看城南草堂去。

走到了那地方，他一一指示我们。哪里是浜，哪里是桥，树，哪里是他当时进出惯走的路。走进超尘精舍，我看见屋是五开间的，建筑总算讲究，天井虽不大，然五间共通，尚不窄仄，可够住两分人家。他又一一指示我们，说：这是公共客堂，这是他的书房，这是他私人的会客室，这楼上是他母亲的住室，这是挂"城南草堂"的匾额的地方。

里面一个穿背心的和尚见我们在天井里指点张望，就走出来察看，又打宁波白招呼我们坐，弘一师谢他，说："我们是看看的。"又笑着对他说："这房子我曾住过，二十几年以前。"那和尚打量了他一下说："哦，你住过的！"

我觉得今天看见城南草堂的实物，感兴远不及昨天听他讲的时候浓重，且眼见的房子、马路、药铺，也不像昨天听他讲的时候的美而诗的了。只是看见那宁波和尚打量他一下而说那句话的时候，我眼前仿佛显出二十几年前后的两幅对照图，起了人生刹那的悲哀。回出来时，我只管耽于遐想：

"如果他没有这母亲，如果这母亲迟几年去世，如果这母亲现在尚在，局面又怎样呢？恐怕他不会做和尚，我不会认识他，我们今天也不会来凭吊这房子了！谁操着制定这局面的权分呢？"

出了弄，步行到附近的海潮寺一游，我们就邀他到城隍庙的素菜馆里去吃饭。

吃饭的时候，他谈起世界佛教居士林尤惜阴居士为人如何信诚，如何乐善。我们晓得他要晚上上船，下午无事，就请他引导到世界佛教居士林去访问尤居士。

世界佛教居士林是新建的四层楼洋房，非常庄严灿烂。第一层有广大的佛堂，内有很讲究的坐椅，拜垫，设备很丰富，许多善男信女在那里拜忏念佛。问得尤居士住在三层楼，我们就上楼去。这里面很静，各处壁上挂着"缓步低声"的黄色的牌，看了使人愈增严肃。三层楼上都是房间。弘一师从一房间的窗外认识到尤居士，在窗玻璃上轻叩了几下，我就看见一位五十岁模样的老人开门出来，五体投地地拜伏在弘一师脚下，好像几乎要把弘一师的脚抱住。弘一师但浅浅地一鞠躬，我站在后面发呆，直到老人起来延我入室，始回复我的知觉，才记得他是弘一师的皈依弟子。

尤居士是无锡人，在上海曾做了不少的慈善事业，是相当知名的人。就是向来不关心于时事的我，也是预早闻其名的。他的态度、衣裳，及房间里的一切生活的表象，竟是非常简朴，与出家的弘一师相去不远。于此我才知道居士是佛教的最有力的宣传者。和尚是对内的，居士是对外的。居士实在就是深入世俗社会里去现身说法的和尚。我初看见这居士林建筑设备的奢华，窃怪与和尚的刻苦修行相去何远。现在看了尤居士，方才想到这大概是对世俗的方便罢了。弘一师介绍我们三人，为我们预请尤居士将来到立达学园讲演，又为我们索取了居士林所有赠阅的书籍各三份。尤居士就引导我们去瞻观舍利室。

舍利室是一间供舍利的、约二丈见方的房间。没有窗，四壁全用镜子砌成，天花板上悬四盏电灯，中央设一座玲珑灿烂的红漆金饰的小塔，四周地上设有四个拜垫，塔底角上悬许多小电灯，其上层中央供一水晶样的球，球内的据说就是舍利。舍利究竟是什么样一种东西，因为我不大懂得，本身倒也惹不起我什么感情；不过我觉得一入室，就看见自己立刻化作千万身，环视有千万座塔，千万盏灯，又面面是自己，目眩心悸，我全被压倒在一种恐怖而又感服的情绪之下了。弘一师与尤居士各参拜过，就鱼贯出室。再参观念佛堂、藏经室。我们就辞尤居士而出。

步行到海宁路附近，弘一师要分途独归，我们要送他回到灵山寺。他坚辞说："路我认识的，很熟，你们一定回去好了，将来我过上海时再见。"又拍拍他的手巾包笑说："做电车的铜板很多！"就转身进弄而去。我目送着他，直到那瘦长的背影没入人丛中不见了，始同W君、C君上自己的归途。

这一天我看了城南草堂，感到人生的无常的悲哀，与缘法的不可异议；在舍利室，又领略了一点佛教的憧憬。两日来都非常兴奋、严肃，又不得酒喝。一回到家，立刻叫人去打酒。

按语：

文内关于弘一、弘伞两法师的事实，凡为我所传闻而未敢确定的，附有（？）记号；听了忘记的，以□代字。谨向读者声明。如有错误，并请两法师原鉴。

附录四　我所崇敬的弘一法师

我所崇敬的弘一法师 / 叶圣陶

在到功德林去会见弘一法师的路上，怀着似乎从来不曾有过的洁净的心情；也可以说带着渴望，不过与希冀看一出著名的电影剧等的渴望并不一样。

弘一法师就是李叔同先生，我最初知道他在民国初年；那时上海有一种《太平洋报》，其艺术副刊由李先生主编，我对于副刊所载他的书画篆刻都中意。以后数年，听人说李先生已出了家，在西湖某寺。游西湖时，在西泠印社石壁上见李先生的"印藏"。去年子恺先生刊印《子恺漫画》，丏尊先生给他作序文，说起李先生的生活，我才知道得详明一点；就从这时起，知道李先生现称弘一了。

于是，不免向子恺先生询问关于弘一法师的种种。承他详细见告。十分感兴趣之余，自然来了见一见的愿望，便向子恺先生说起了。"好的，待有机缘，我同你去见他。"

子恺先生的声调永远是这样朴素而真挚的。以后遇见子恺先生，就常常告诉我弘一法师的近况。记得有一次给我看弘一法师的来信，中间有"叶居士"云云，我看了很觉惭愧，虽然"居士"不是什么特别的尊称。前此一星期，饭后去上工，劈面来三辆人力车。最先是个和尚，我并不措意。第二是子恺先生，他惊喜似的向我颠（点）头。我也颠（点）头，心里便闪电般想起"后面一定是他"。人力车夫跑得很快，第三辆车一霎往后时，我见坐着的果然是个和尚，清癯的脸，颔下有稀疏的长髯。我的感情有点激动，"他来了！"这样想着，屡屡回头望那越去越远的车篷的后影。

第二天，便接到子恺先生的信，约我星期日到功德林去会见。是深深尝了世间味，探了艺术之宫的，却回过来过那种通常以为枯寂的持律念佛的生活，他的态度应是怎样，他的言论应是怎样，实在难以悬揣。因此，在带着渴望的似乎从来不曾有过的洁净的心情里，更掺着一些惝悦的分子。

走上功德林的扶梯，被侍者导引进那房间时，近十位先到的恬静地起立相迎。靠窗的左角，正是光线最明亮的地方，站着那位弘一法师，带笑的容颜，细小的眼里眸子放出晶莹的光。丏尊先生给我介绍之后，教我坐在弘一法师的侧边。弘一法师坐下来之后，便悠然地数着手里的念珠。我想一颗念珠一声阿弥陀佛吧。本来没有什么话要同他谈，见这样更沉入近乎催眠状态的凝思，言语是全不需要了。可怪的是在座一些人，或是他的旧友，或是他的学生，在这难得的会晤顷，似应有好些抒情的话同他谈，然而不然，大家也只默然不多开口。未必因僧俗殊途，尘净异致，而有所矜持吧。或者，他们以为这样默对一二小时，已胜于十年的晤谈了。

晴秋的午前的时光在恬然的静默中经过，觉得有难言的美。

随后又来了几位客，向弘一法师问几时来的，到什么地方去那些话。他的回答总是一句短语；可是殷勤极了，有如倾诉整个的心愿。

因为弘一法师是过午不食的，十一点钟就开始聚餐。我看他那曾经挥洒书画弹奏音乐的手郑重地夹起一荚豇豆来，欢喜满足地送入口里去咀嚼的那种神情，真惭愧自己平时的乱吞胡咽。

"这碟子是谷油吧？"

以为他要酱油，某君想把酱油碟子移到他面前。"不，是这位日本的居士要。"果然，这位日本人道谢了。弘一法师于无形中体会到他的愿欲。

石岑先生爱谈人生问题，著有《人生哲学》，席间他请弘一法师谈一点关于人生的意见。"惭愧，"弘一法师虔敬地回答，"没有研究，不能说什么。"

以学佛的人对于人生问题没有研究，依通常的见解，至少是一句笑话。那么，他有研究而不肯说么？只看他那殷勤真挚的神情，见得这样想时就是罪过。他的确没有研究。研究云者，自己站在这东西的外面，而去爬剔、分析、检察这东西的意思。像弘一法师，他一心持律，一心念佛，再没有站到外面去的余裕。哪里能有研究呢？

我想，问他像他这样的生活，觉得达到了怎样的一种境界，或者比较落实一点。然而健康的人不自觉健康，哀乐的当时也不能描状哀乐；境界又岂是说得出的。我就把这意思遣开，从侧面看弘一法师的长髯以及眼边细密的皱纹，出神久之。

饭后，他说约定了去见印光法师，谁愿意去可同去。印光法师这名字知道得很久了，并且见过他的文钞，是现代净土宗的大师，自然也想见一见。同去者计七八人。

决定不坐人力车，弘一法师拔脚便走，我开始惊异他步履的轻捷。他的脚是赤了的，穿一双布缕缠成的行脚鞋。这是独特健康的象征啊。同行的一群人，哪里有第二双这样的脚！惭愧，我这年轻人常常落在他的背后。

我在他背后这样想：他的行止笑语，真所谓纯任自然的，使人永不能忘。然而在这背后却是极严谨的戒律。丏尊先生告诉我，他尝叹息中国的律宗有待振起，可见他的持律极严的。他念佛，他过午不食，都为的持律。但持律而到非由"外铄"的程度，人便只觉他一切纯任自然了。

似乎他的心非常之安，躁忿全消，到处自得；似乎他以为这世间十分平和，十分宁静，自己处身其间，甚而至于会把它淡忘。这因为他把所谓万象万事划开了一部分，而生活在留着的一部分内之故。这也是一种生活法，宗教家艺术家大概采用。并不划开了一部分而生活的人，除庸众外，不是贪狠专制的野心家，便是社会革命家。

他与我们差不多处在不同的两个世界。就如我，没有他的宗教的感情与信念，要过他那样的生活是不可能的。然而我自以为有点了解他，而且真诚地敬服他那种纯任自然的风度。哪一种生活法好呢？这是愚笨的无意义的问题。只有自己的生活法好，别的都不行，夸妄的人却常常这么想。友人某君曾说他不曾遇见一个人，他愿意把自己的生活与这个人对调的，这是踌躇满志的话。人本来应当如此，否则浮漂浪荡，岂不像没舵之舟。然而，某君又说尤紧要的是同时得承认别人也未必愿意与我对调。这就与夸妄的人不同了；有这么一承认，

163

非但不菲薄别人，且能致相当的尊敬。彼此因观感而化移的事是有的。虽说各有其生活法，究竟不是不可破的坚壁；所谓圣贤者转移了什么什么人就是这么一回事。但是板着面孔专事菲薄别人的人决不能转移了谁。

到新闸太平寺，有人家借这里治丧事，乐工以为吊客来了，预备吹打起来。及见我们中间有一个和尚，而且问起的也是和尚，才知道误会，说道："他们都是佛教里的。"

寺役去通报时，弘一法师从包袱里取出一件大袖的僧衣来（他平时穿的，袖子同我们的长衫袖一样），恭而敬之地穿上身，眉宇间异样地静穆。我是欢喜四处看望的，见寺役走进去的沿街那房间里，有个躯体硕大的和尚刚洗了脸，背部略微佝着，我想这一定就是。果然，弘一法师头一个跨进去时，便对这和尚屈膝拜伏，动作严谨且安详。我心里肃然。有些人以为弘一法师当是和尚里的浪漫派，看这样可知完全不对。

印光法师的皮肤呈褐色，肌理颇粗，表示他是北方人；头顶几乎全秃，发亮光；脑额很阔；浓眉底下一双眼睛这时虽不戴眼镜，却用戴了眼镜从眼镜上面射出眼光来的样子看人；嘴唇略微皱瘪：大概六十左右了。弘一法师与印光法师并肩而坐，正是绝好的对比，一个是水样的秀美，飘逸，而一个是山样的浑朴，凝重。

弘一法师合掌恳请了："几位居士都欢喜佛法，有曾经看了禅宗的语录的，今来见法师，请有所开示，慈悲，慈悲。"

对于这"慈悲，慈悲"，感到深长的趣味。

"嗯，看了语录。看了什么语录？"印光法师的声音带有神秘味。我想这话里或者就藏着机锋吧。没有人答应。弘一法师便指石岑先生，说这位居士看了语录的。

石岑先生因说也不专看那几种语录，只曾从某先生研究过法相宗的义理。

这就开了印光法师的话源。他说学佛须要得实益，徒然嘴里说说，作几篇文字，没有道理；他说人眼前最紧要的事情是了生死，生死不了，非常危险；他说某先生只说自己才对，别人念佛就是迷信，真不应该。他说来声色有点严厉，间以呵喝。我想这触动他旧有的忿念了。虽然不很清楚佛家所谓"我执""法执"的涵蕴是怎样，恐怕这样就有点近似。这使我未能满意。

弘一法师再作第二次的恳请，希望于儒说佛法会通之点给我们开示。印光法师说二者本一致，无非教人父慈子孝兄友弟恭等等。不过儒家说这是人的天职，人若不守天职就没有办法。佛家用因果来说，那就深奥得多。

行善便有福，行恶便吃苦：人谁愿意吃苦呢？——他的话语很多，有零星的插话，有应验的故事，从其间可以窥见他的信仰与欢喜。他显然以传道者自任，故遇有机缘，不惮尽力宣传；宣传家必有所执持又有所排抵，他自己也不免。弘一法师可不同，他似乎春原上一株小树，毫不愧作地欣欣向荣，却没有凌驾旁的卉木而上之的气概。

在佛徒中间，这位老人的地位崇高极了，从他的文钞里，见有许多的信徒恳求他的指示，仿佛他就是往生净土的导引者。这想来由于他有很深的造诣，不过我们不清楚。但或者还有别一个原因。一般信徒觉得那个"佛"太渺远了，虽然一心皈依，总未免感得空虚；而印光法师却是眼睛看得见的，认他就是现世的"佛"，虔诚崇奉，亲接謦欬，这才觉得著实，满足了信仰的欲望。故可以说，印光法师乃是一般信徒用意想来装塑成功的偶像。

弘一法师第三次"慈悲，慈悲"地请求时，是说这里有言经义的书，可让居士们"请"几部回去。这"请"字又有特别的味道。

房间的右角里，装订作坊似的，线装和平装的书堆着不少，不禁想起外间纷纷飞散的那些宣传品。由另一位和尚分派，我分到黄智海演述的《阿弥陀经白话解释》、大圆居士说的《般若波罗蜜多心经口义》、李荣祥编的《印光法师嘉言录》三种。中间《阿弥陀经白话解释》最好，详明之至。

于是弘一法师又屈膝拜伏，辞别。印光法师颠（点）着头，从不大敏捷的动作上显露他的老态。待我们都辞别了走出房间时，弘一法师伸出两手，郑重而轻捷地把两扇门拉上了。随即脱下那件大袖的僧衣，就人家停放在寺门内的包车上，方正平帖地把它摺（折）好包起来。

弘一法师就要回到江湾子恺先生的家里，石岑先生、予同先生和我便与他告别。这位带有通常所谓仙气的和尚，将使我永远怀念了。我们三个在电车站等车，滑稽地使用着"读后感"三个字，互诉对于这两位法师的感念。就是这一点，已足证我们不能为宗教家了，我想。

附录五 弘一大师手绘罗汉像

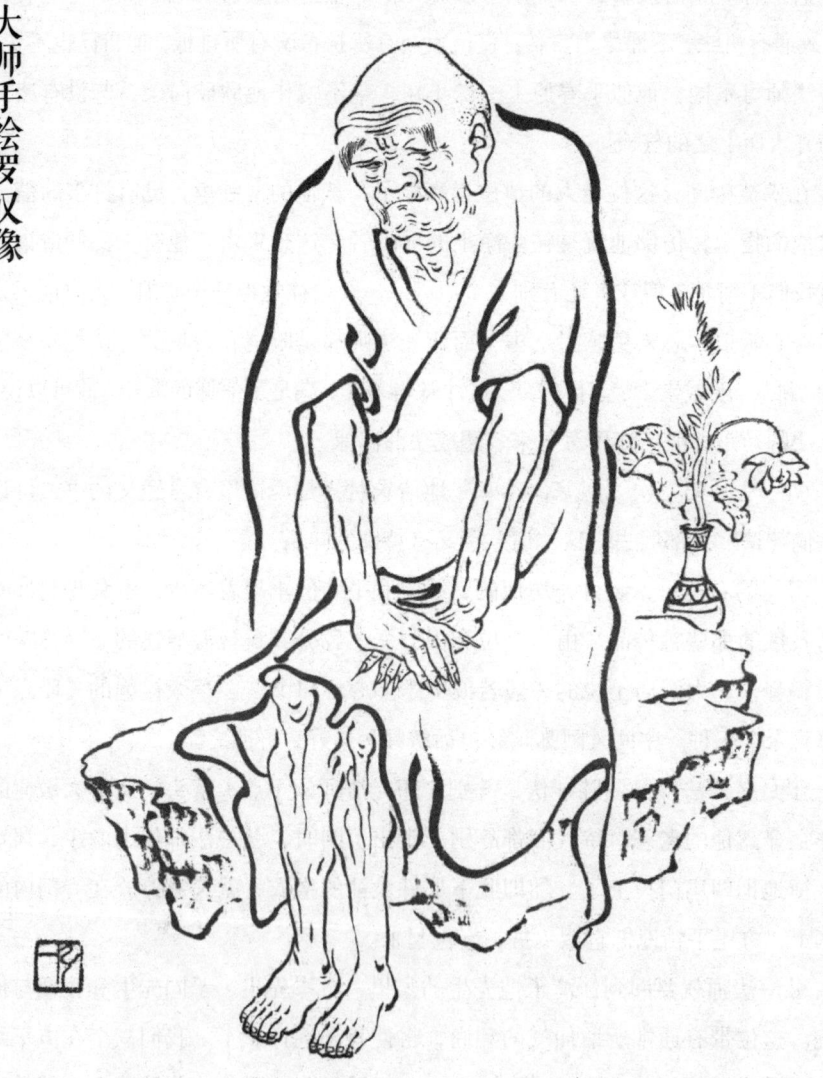

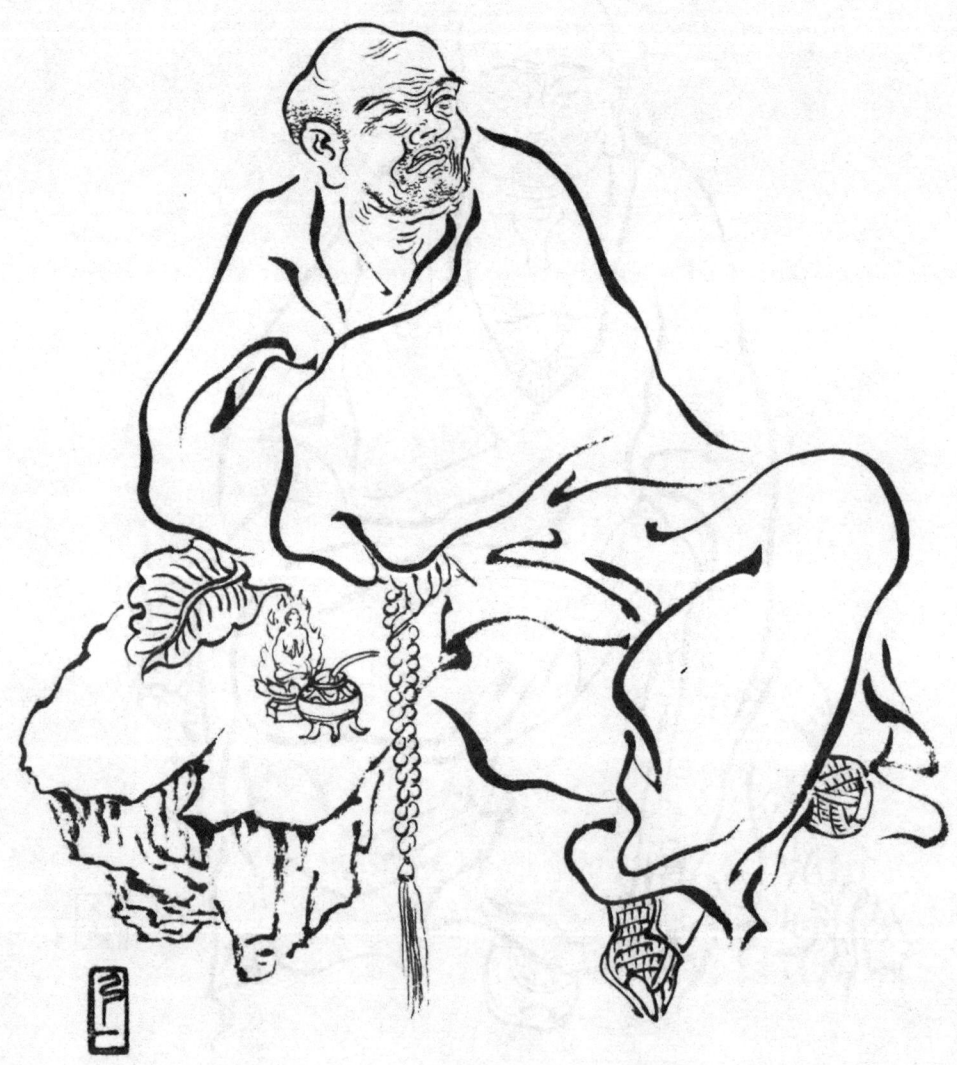